KÖNIGS ERLÄUTERUNGEN

Band 8

Textanalyse und Interpretation zu

Johann Wolfgang von Goethe

GÖTZ VON BERLICHINGEN

Rüdiger Bernhardt

Alle erforderlichen Infos für Abitur, Matura, Klausur und Referat
plus Musteraufgaben mit Lösungsansätzen

Bange Verlag

Zitierte Ausgabe:
Johann Wolfgang Goethe: *Götz von Berlichingen mit der eisernen Hand. Ein Schauspiel.* Anmerkungen von Volker Neuhaus. Stuttgart: Philipp Reclam jun., durchgesehene Ausgabe 2002, 2012 (RUB Nr. 71). Zitatverweise sind mit **R** unter der Angabe von Seite und Zeile gekennzeichnet.
Johann Wolfgang von Goethe: *Götz von Berlichingen mit der eisernen Hand. Ein Schauspiel.* Husum/Nordsee: Hamburger Lesehefte Verlag, 2011 (9. Hamburger Leseheft). Zitatverweise sind mit **HL** unter der Angabe von Seite und Zeile gekennzeichnet.

Zu den unterschiedlichen Textfassungen der zitierten Ausgaben s. S. 108 f. der Erläuterung.
Andere Fassungen oder Belege werden zitiert nach Goethe: *Poetische Werke,* Bd. 7 (Berliner Ausgabe = BA), bearbeitet von Angelika Jahn, Berlin: Aufbau-Verlag, 1963 und andere Bände, zit. **BA** mit Band- und Seitenangabe.

Über den Autor dieser Erläuterung:
Prof. Dr. sc. phil. Rüdiger Bernhardt lehrte neuere und neueste deutsche sowie skandinavische Literatur an Universitäten des In- und Auslandes. Er veröffentlichte u. a. Studien zur Literaturgeschichte und zur Antikerezeption, Monografien zu Henrik Ibsen, Gerhart Hauptmann, August Strindberg und Peter Hille, gab die Werke Ibsens, Peter Hilles, Hermann Conradis und anderer sowie zahlreiche Schulbücher heraus. Von 1994 bis 2008 war er Vorsitzender der Gerhart-Hauptmann-Stiftung Kloster auf Hiddensee. 1999 wurde er in die Leibniz-Sozietät gewählt.

2. Auflage 2016
ISBN 978-3-8044-2013-7
PDF: 978-3-8044-6013-3, EPUB: 978-3-8044-7013-2

Titelabbildung: Filmszene aus *Götz von Berlichingen mit der eisernen Hand* (D 1979). Regie: Wolfgang Liebeneiner; Raimund Harmstorf als Götz © ullstein bild – United Archives / 90060
Druck und Weiterverarbeitung: Tiskárna Akcent, Vimperk

1. DAS WICHTIGSTE AUF EINEN BLICK – SCHNELLÜBERSICHT

Damit sich jeder Leser in diesem Band sofort zurechtfindet und das für ihn Interessante entdeckt, folgt eine Übersicht.

Im 2. Kapitel wird Johann Wolfgang von Goethes Leben beschrieben und auf den zeitgeschichtlichen Hintergrund verwiesen:

⇨ S. 12 ff.

→ Goethe lebte von **1749 bis 1832,** nach seinem Studium in Leipzig (1765–1768) und Straßburg (1770/71) seit **1775** vorwiegend in Weimar, der Hauptstadt des Herzogtums (seit 1815 Großherzogtums) Sachsen-Weimar-Eisenach.
→ Angeregt durch die *Lebens-Beschreibung* des historischen Götz, durch Freunde in Straßburg und die Schwester schrieb Goethe zunächst 1771 den *Urgötz*, die erste Fassung des *Götz von Berlichingen*, der 1773 die neu gestaltete endgültige Fassung folgte.
→ Das Stück brach mit dem französischen Klassizismus und seinen deutschen Anhängern (Gottsched); es ist ein Höhepunkt der Dramatik des Sturm und Drang und gilt als erstes nationales deutsches Geschichtsdrama und eigenständige Nachfolge Shakespeares.

Im 3. Kapitel findet der Leser eine **Textanalyse und -interpretation**.

Götz von Berlichingen – Entstehung und Quellen:

⇨ S. 37 ff.

Die entscheidende Quelle war Götz' *Lebens-Beschreibung*, 1731 erschienen. Andere Materialien waren die *Chronica* (1531) Sebastian Francks, literarische Texte (Gerstenbergs *Ugolino*) und rechtshistorische Werke. In sechs Wochen entstand 1771 die erste Fassung. Nach konstruktiver Kritik Herders schrieb Goethe vom Januar bis März 1773 das Stück neu.

Inhalt:

Der Ritter Götz von Berlichingen hat den alten Freund Weislingen, inzwischen ein Vertrauter des Bischofs, gefangen genommen, weil der Bischof von Bamberg einen seiner „Buben“ (Knappen) inhaftiert hat: Fürstliche Macht steht in Fehde mit freiem Rittertum. Weislingen entscheidet sich erneut für Götz, verlobt sich mit dessen Schwester, kehrt jedoch, von einem Höfling zu der verführerischen Adelheid gelockt, an den Bamberger Hof zurück und intrigiert von nun an gegen Götz, der sich durch Überfälle rächt und deshalb mit der Reichsacht belegt wird. Vor ein Gericht gestellt, befreit ihn Sickingen. Der Kaiser schätzt die Geradlinigkeit Götz‘, der sich – entgegen der Festlegung, auf seinem Schloss in ritterlicher Haft zu bleiben – kurzzeitig den aufständischen Bauern anschließt, um ihnen zu ihrem Recht zu verhelfen. Götz wird von Weislingens Truppen gefangen genommen. Weislingen wird ermordet. Die Anstifterin Adelheid, der Weislingen und andere verfallen waren, findet ihr Ende durch ein Femeurteil. Götz stirbt in Gefangenschaft.

⇨ S. 47 ff.

Chronologie und Schauplätze:

Der historische Götz (Gottfried) von Berlichingen, ein fränkischer Reichsritter, wird um 1480 auf der Burg Jagsthausen in Württemberg geboren, beteiligt sich an Kriegen Kaiser Maximilians I., führt Fehden gegen Nürnberg und den Schwäbischen Bund. Er wird in Heilbronn inhaftiert und von Franz von Sickingen befreit. 1525 führt Götz in Schwaben einen Haufen aufständischer Bauern im Bauernkrieg. Im Stück stirbt er 1525 in Gefangenschaft, tatsächlich tritt sein Tod erst 1562 auf Burg Hornberg in Neckarzimmern ein. Maximilian I. starb bereits 1519 – beträchtliche Zeit vor dem Bau-

⇨ S. 54 ff.

ernkrieg –, Sickingen 1523. Das Stück zieht verschiedene historische Ereignisse zusammen und spielt von 1517 bis 1526. Es hat 50 Schauplätze, handelt in Franken (und begrenzt in Schwaben): Es beginnt in Schwarzenberg, spielt vorwiegend auf Götz' Burg Jagsthausen, am Bischofssitz in Bamberg und in Heilbronn, wo Götz stirbt.

Personen:

⇨ S. 67 ff.

Die Hauptpersonen sind:

⇨ S. 68 ff.

Götz von Berlichingen:

→ fränkischer Reichsritter, nur dem Kaiser untertan, historische Gestalt,
→ kraftvoller Selbsthelfer von ca. 45 Jahren,
→ rechtsbewusst, tugendhaft, ehrlich, aber auch Raubritter,
→ sein Rittertum ist durch die moderne Kriegstechnik historisch überholt.

⇨ S. 72

Elisabeth:

→ wie ein Spiegel für Götz' Charakter,
→ weibliche Entsprechung zu Götz ohne eigenes Profil,
→ praktisch denkende, energische Hausfrau.

⇨ S. 72 f.

Carl:

→ wohlerzogener Sohn Elisabeths und Götz',
→ gibt die Tradition des freien Reichsritters, damit des Selbsthelfers auf,
→ wird im Kloster erzogen.

Maximilian I.: ⇨ S. 73 f.

→ tritt im Zentrum des Stückes auf, historische Gestalt: Kaiser des Hlg. Röm. Reiches Deutscher Nation,
→ begabter Politiker und erfolgreicher Kriegsherr, „der letzte Ritter auf dem Thron“,
→ gebildeter Politiker, Mäzen der Kunst, leidenschaftlicher Jäger.

Weislingen: ⇨ S. 74 f.

→ ursprünglich wie Götz als freier Ritter geboren, fiktive Gestalt,
→ geschmeidiger Hofmann und Politiker,
→ zwiespältiger Charakter, in den Goethes eigene Treulosigkeit eingearbeitet wurde,
→ politisch und ökonomisch der moderne Mensch.

Sickingen: ⇨ S. 75 f.

→ historische Gestalt, Führer der Ritterschaft, gilt ebenfalls als „letzter Ritter“,
→ charakterlich Götz ähnlich,
→ interessante Rittergestalt mit der Utopie einer Adelsdemokratie.

Adelheid von Walldorf: ⇨ S. 76 f.

→ Frauenfigur vom Typus Femme fatale: intelligent, schön und gefährlich,
→ setzt ihre Ziele mit Verführung und Verbrechen durch,
→ dämonische Figur des Sturm und Drang.

Maria: ⇨ S. 77

→ Götz‘ Schwester und liebende Frau, liebt Weislingen, heiratet Sickingen,

→ vertritt eine christlich geprägte Erziehung und setzt sie bei Carl um,
→ Kontrastperson zu Elisabeth und Adelheid.

➪ S. 80 ff.

Metzler:
→ Georg Metzler von Ballenberg, Bauernführer im Bauernkrieg, historische Gestalt,
→ eröffnet gemeinsam mit Sievers, einer erfundenen Gestalt, das Stück,
→ wird zum Gegenspieler des Götz von Berlichingen, hingerichtet.

➪ S. 104 ff.

Stil und Sprache in *Götz von Berlichingen:*

→ Die altertümlich wirkende Sprache geht auf Götz‘ Biografie zurück und schafft Zeitkolorit, differenziert nach den verschiedenen Gruppen.
→ statt Vers und rhythmisierter Sprache freie Rede nach dem Vorbild Shakespeares
→ Mit Sprache werden soziale Unterschiede zwischen Hof und Volk beschrieben.

➪ S. 110 ff.

Interpretationsansätze:

→ formale Besonderheiten eines Sturm und Drang-Dramas: Titel, Auflösung der Dreieinheit usw.
→ nationales Geschichtsdrama und Ansätze zum bürgerlichen Schauspiel
→ die Veränderungen in beiden Fassungen, die neue Gestalt des 5. Aktes
→ der Unterschied zwischen Götz‘ historischer und dramatischer Bedeutung
→ der Einfluss Shakespeares

Rezeptionsgeschichte:

⇨ S. 121 ff.

→ der Durchbruch nach der Überarbeitung 1773
→ die Aufwertung der nationalen Vergangenheit
→ die Kritik Friedrich II. von Preußen und Lessings
→ das Stück und die Sickingen-Debatte
→ *Götz von Berlichingen* und Gerhart Hauptmanns *Florian Geyer*
→ Inszenierungen im 20. Jahrhundert

Johann Wolfgang von Goethe 1775 (1749–1832)

2. JOHANN WOLFGANG VON GOETHE: LEBEN UND WERK

2.1 Biografie

JAHR	ORT	EREIGNIS	ALTER
1749	Frankfurt a. M.	28. August: Johann Wolfgang Goethe wird als Sohn des Kaiserlichen Rates Dr. jur. Johann Kaspar Goethe, Sohn eines Schneiders, und Katharina Elisabeth, geb. Textor, Tochter des Schultheißen, geboren. Der Reichtum die Familie stammt vom Großvater.	
1750	Frankfurt a. M.	Schwester Cornelia Friderike Christiana Goethe geboren.	1
1753	Frankfurt a. M.	Die Großmutter schenkt den Kindern zu Weihnachten ein **Puppentheater**, das von großer Bedeutung für Goethe wird und auch in seinen Werken erwähnt wird.	4
1759–1763	Frankfurt a. M.	Französische Besetzung. Goethe besucht das französische Theater und hat erste Berührungen mit der Welt der Schauspieler.	10–14
1765–1768	Leipzig	Goethe studiert die Rechte, hört aber auch Vorlesungen zur Literatur, lernt Gellert und Gottsched kennen. – Freundschaft mit Ernst Wolfgang Behrisch (Hofrat, später Prinzenerzieher und Hofrat in Dessau) und Liebe zu Käthchen Schönkopf, der Tochter eines Zinngießers.	16–19
1766	Leipzig	Erlebt die Eröffnung des neuen festen Theaterbaus mit Johann Elias Schlegels *Hermann*.	17
1768	Frankfurt a. M.	Goethe kehrt nach einem Blutsturz nach Hause zurück, liest Wieland, Shakespeare u. a.	19

JAHR	ORT	EREIGNIS	ALTER
1770	Straßburg	Er schließt sein Rechtsstudium als Lizenziat der Rechte ab, was ihm die Zulassung als Advokat ermöglicht. Er lernt Herder und Dichter des Sturm und Drang (Jung-Stilling, H. L. Wagner, J. M. R. Lenz) kennen. Im Straßburger Kreis werden ihm Pindar, Homer, die englische Dichtung, voran Shakespeare und Ossian, Oliver Goldsmith nahegebracht. Herder weist ihn auf Hamann und die Volkspoesie hin. Er begeistert sich für das Straßburger Münster. Der Stoff des *Götz* beschäftigt ihn.	21
	Sesenheim	Mai–Juni: Besuch bei Friederike Brion, verliebt sich in die Pfarrerstochter von Sesenheim, am 7. August ohne Erklärung Abschied.	
1771	Straßburg	Goethe sammelt, Herders Anregung folgend, elsässische Volksballaden, darunter das *Lied vom Herrn von Falkenstein*, das möglicherweise die Helfenstein-Szene aus dem *Götz* anregt.[1]	22
	Frankfurt a. M.	14. August: Rückkehr. Beantragt die Zulassung als Advokat, erteilt am 3. September. Führt Prozesse. 14. Oktober: Goethe feiert mit Freunden und mit „großem Pomp" **Shakespeares Namenstag:** Rede *Zum Schäkespears Tag*, die im Zusammenhang mit dem *Götz* zu sehen ist. Äußert sich erstmals schriftlich über die Dramatisierung des Götz, den „wahren Zeitvertreib"[2].	

1 Vgl. Eibl u. a.: *Der junge Goethe*, Bd. 2, S. 95, 504 f.
2 Brief vom 28. 11. 1771 an Johann Daniel Salzmann. In: Eibl u. a.: *Der junge Goethe*, Bd. 1, S. 649.

JAHR	ORT	EREIGNIS	ALTER
		Oktober bis November: Entstehung der 1. Fassung des *Götz*. Freunde werden um ihre Meinung gebeten.	
1772	Frankfurt a. M.	Freunde Goethes aus den Sturm-und-Drang sind Hauptredakteure der *Frankfurter Gelehrten Anzeigen*, Herausgeber: Johann Heinrich Merck, der den *Götz* 1773 veröffentlicht.	23
	Wetzlar	Goethe als Praktikant am **Reichskammergericht**; Liebe zu Charlotte Buff und Selbstmord des Studienkollegen Jerusalem (30. Oktober 1772) gehen in den Roman *Werther* ein. An der „Rittertafel" des Freundeskreises nennt man ihn „Götz von Berlichingen, den Redlichen" (BA 13, 572). Seine juristischen Kenntnisse werden dienlich bei der Tätigkeit in Weimar.	
	Frankfurt a. M.	September: Rückkehr.	
1773	Frankfurt a. M.	**Beginn der Umarbeitung des *Götz*, beendet im März. Philipp Seidel (1755–1820), Goethes Bursche, schreibt die Fassung ins Reine.** **Erscheint im Juni 1773 im Selbstverlag ohne Namen.**	24
1774	Berlin	**12. April: Erstaufführung des *Götz* durch die Koch'sche Truppe, Aufführung sechzehnmal wiederholt.**	25
	Hamburg	**24. Oktober: F. L. Schröder führt den *Götz* auf.**	
	Frankfurt a. M.	**Das Stück macht Goethe in Deutschland berühmt.** Knebel vermittelt Goethes Bekanntschaft mit dem Erbprinzen Karl August von Weimar, Klopstock besucht ihn.	

JAHR	ORT	EREIGNIS	ALTER
1775	Frankfurt a. M.	Liebe und Verlobung mit Lili Schönemann, brieflich sich äußernde Liebe zur Gräfin Auguste von Stolberg, die er nie sehen wird.	26
	Schweiz	Erste Reise in die Schweiz.	
	Weimar	Abreise am 30. 10., nachdem Karl August am 3. 9. die Regierung angetreten hat, Ankunft am 7. 11.	
1776	Weimar	25. Juni: Eintritt in den Staatsdienst, übernimmt bis 1785 mehrere Kommissionen (Ministerien). – Liebe zu Charlotte von Stein. Setzt Herders Berufung zum Weimarer Generalsuperintendenten durch.	27
1779	Weimar	Goethe wird zum Geheimen Rat ernannt.	30
	Schweiz	Zweite Reise.	
1781	Weimar	Naturwissenschaftliche Studien.	32
1782	Weimar	Geadelt. Goethes Vater stirbt.	33
1784	Weimar	Goethe findet den Zwischenkieferknochen beim Menschen.	35
1786	Karlsbad	Kuraufenthalt. Flieht nach Italien.	37
	Italien	29. Oktober: Ankunft in Rom, Italienische Reise	
1788	Weimar	Rückkehr, liebt Christiane Vulpius und lebt zum Entsetzen des Weimarer Adels mit ihr zusammen.	39
1789	Weimar	Sohn August geboren, stirbt 1830 in Rom und wird dort beerdigt.	40
1790	Italien	Zwischen März und Juni die zweite Italienreise.	41
	Schlesien	In der Begleitung Karl Augusts, der als General in Preußens Diensten zu Truppenmanövern reist.	

JAHR	ORT	EREIGNIS	ALTER
1791	Weimar	1791–1817 Direktor des Hoftheaters, Materialsammlung zur *Farbenlehre.*	42
1792	Frankreich	1792–1793 Feldzug. Teilnahme an der Belagerung von Mainz.	43
1794	Weimar, Jena	Beginn der Freundschaft und des Briefwechsels mit Schiller.	45
1797	Schweiz	Dritte Reise.	48
1804	Weimar	**Bearbeitung des *Götz* unter Beteiligung Schillers.** **22. September: Aufführung, Dauer: 6 Stunden.** **28. September/14. Oktober: Aufführung in zwei Teilen.** **8. Dezember: Kürzung auf ein Stück, das danach häufiger gespielt und von Goethe in die Ausgabe letzter Hand aufgenommen wurde.**	55
1805	Weimar	9. Mai: Tod Schillers. Freundschaft mit Zelter.	56
1806	Jena Weimar	14. Oktober: Schlacht bei Jena und Auerstädt: Das Heilige Römische Reich Deutscher Nation geht unter. 19. Oktober: Goethe heiratet Christiane.	57
1809	Weimar	**Erneute Bearbeitung des *Götz* in zwei Teilen:** **1. Teil: *Adelbert von Weislingen*** **2. Teil: *Götz von Berlichingen***	60
1814	Rhein und Main	Reisen. Liebe zu Marianne von Willemer.	65
1816	Weimar	6. Juni: Tod Christianes.	67
1823	Weimar	Johann Peter Eckermann wird Mitarbeiter und Nachfolger Riemers. Reise nach Marienbad und Eger.	74

JAHR	ORT	EREIGNIS	ALTER
	Marienbad und Eger	Verliebt sich in Ulrike von Levetzow.	
1828	Weimar	Der Großherzog Karl August stirbt.	79
1830	Weimar	**28. August: Aufführung des *Götz* zu Goethes 81. Geburtstag, Rückkehr zur Bühnenfassung von 1804.**	81
1832	Weimar	Tod Goethes am 22. März in seinem 83. Lebensjahr.	82

2.2 Zeitgeschichtlicher Hintergrund

ZUSAMMEN-FASSUNG

- → Um 1770 war die Zeit des niedergehenden Feudalabsolutismus; im Nachbarland bereitete sich die Französische Revolution von 1789 vor.
- → Deutsche Autoren thematisierten u. a. die Zersplitterung in zahlreiche Kleinststaaten und interessierten sich für die bäuerlich-plebejischen Schichten.
- → Viele Autoren suchten nach historischen Entsprechungen zur Gegenwart; Goethe fand dabei in Herder einen Partner. Auch Mösers Abhandlung *Von dem Faustrecht* wurde für Goethe zur Bestätigung für den Alleinkampf seines Protagonisten Götz gegen die Welt. Aber der historische Götz erwies sich als widersprüchlicher Held.
- → Künstlerisch orientierte Goethe sich an Shakespeare.
- → Mit der Ankunft in Weimar 1775 endete für Goethe der Sturm und Drang. Götz von Berlichingen, der aufbegehrende Ritter, hatte in der höfischen Ordnung kaum mehr Bedeutung. Zwischen dem Dichter Goethe, der aus dem Sturm und Drang kam, und dem Minister Goethe, der zu dienen hatte, lagen Welten.

Niedergang des Feudalabsolutismus und deutsche Kleinstaaterei

Niedergang des Feudalabsolutismus

Die Entstehungszeit des *Götz von Berlichingen* war die Zeit des niedergehenden Feudalabsolutismus, der 1789 in der Französischen Revolution eine Niederlage erleben sollte. Viele politisch wache Schriftsteller suchten damals bereits nach historischen Parallelen, die sie für ihre Zeit und deren Widersprüche literarisch in Anspruch nehmen konnten, hatten aber zunächst wenig anderes als die patriotische Erinnerung an den Kampf der Germanen gegen die Römer gefunden. Für den jungen Goethe hatte die **Zersplitterung Deutschlands in zahlreiche Fürstenhäuser** keinen nationalen Stoff ausgebildet; die vorhandenen Stoffe lagen zu „weit von uns ab" (BA 7, 829). Das Gefühl, sich auf eine historische Umwälzung zuzubewegen, veranlasste Goethe zur Suche nach vergleichbaren historischen Vorgängen. Fündig wurde er in der Zeit der Reformation und der nationalen Geschichte im Übergang vom 15. zum 16. Jahrhundert: Damals kam es zum Untergang des mittelalterlichen feudalen Ritterwesens zu Gunsten eines straff organisierten Territorialfürstentums, in das sich mit dem Bürgertum in den sogenannten Freien Städten – Goethe war in Frankfurt a. M. geboren, auf die Stadt wird im Stück Bezug genommen (R 27,11/HL 20,27) – bereits eine fortschrittliche Kraft für die Entwicklung des Handels, der Technik und eines modernen Bankensystems herauszubilden begann. Damals fand auch ein geistiger Umbruch statt, der durch Luther ausgelöst wurde und zu einer Krise der katholischen Kirche führte.

Zeitalter der Reformation als historische Entsprechung

Dagegen prägte das politische Geschehen des 18. Jahrhunderts die unterschiedlichen Interessen zwischen dem Bürgertum auf der einen Seite, das um des Handels willen die nationale Aufsplitterung in mehr als 300 souveräne Gebilde beseitigen wollte, und Feudalherrschern auf der anderen, die dynastische Interessen an die Stelle nationaler Erfordernisse gestellt hatten. Das **kleinteilige deutsche absolutistische Herrschaftssystem** stand den ökonomischen Interessen eines nationalen Marktes, der entsprechende moderne Produktionsmethoden und eine in Westeuropa bereits vorhandene kapitalistische Agrarpolitik entwickeln konnte, diametral entgegen.

Interessensgegensatz zwischen Bürger und Adel

Auch in dem im 16. Jahrhundert spielenden *Götz* ist Deutschlands Zersplitterung ein durchgehendes Thema. Das wichtigste Territorium des Stückes ist **Franken**. Das Gebiet war stark von der Klein-

Problem: Deutschlands Zersplitterung

staaterei betroffen; es bestand aus kleinsten politischen Einheiten, worunter sich auch zahlreiche Ritterherrschaften befanden. Neben den beiden Hochstiften, den Bistümern Bamberg und Würzburg, waren Freie Reichsstädte wie Nürnberg zu einer Macht geworden.

Der Bischof von Bamberg

Der Bischof von Bamberg, in Goethes Stück Götz‘ entscheidender Gegner, war ein reichsunmittelbarer Herrscher. Zur Handlungszeit des Stückes regierte **Fürstbischof Georg III. Schenk von Limpurg** (Amtszeit 1505–1522), der sich für die deutsche Rechtsentwicklung verdient machte (s. S. 90 der Erläuterung). Erst die Reformation veränderte die politische und territoriale Struktur und schrumpfte das Bistum Bamberg in der Mitte des 16. Jahrhunderts um die Hälfte. Im Stück werden Probleme des Bistums Bamberg und des Fränkischen Reichskreises[3], der keine politische Struktur bedeutete, am Beginn der Reformation behandelt.[4] Bereits im 1. Akt beklagt der Bischof die Schwäche des Kaisers – es ist die Regierungszeit Kaiser Maximilian I. von 1493 bis 1519, im Stück dauert sie bis 1526 –, der „das Reich zu beruhigen, die Fehden abzuschaffen und das Ansehn der Gerichte zu befestigen“ (R 29,19 f./HL 22,14 ff.) habe, aber die einzelnen Länder würden „von übermütigen und kühnen Rittern verheeret“ (R 29,25 f./HL 22,21). Götz sieht das anders, und damit werden die politischen Gegensätze der Konflikte zwischen

Verschiedene Rechtsauffassungen

ihm und dem Bischof deutlich, die sich aus unterschiedlichen Auffassungen zum Recht und damit im Zusammenhang zur Freiheit ergeben: Götz huldigt dem Kaiser, dem die Fürsten und Ritter dienen sollten, nicht im Landes- oder gar Nationalverband, sondern gegründet auf ihre Familie; er hofft, dass „Verehrung des Kaisers,

---

3 Reichskreise gab es im Heiligen Römischen Reich Deutscher Nation seit 1500; in ihnen agierten die Herrscher, mit Ausnahme der Ritter, bei gemeinsamen Handlungen, ohne eine politische Einheit zu bilden.

4 Keineswegs sind das „Vorbild (...) unverkennbar säkulare absolutistische Staaten des 18. Jahrhunderts wie Preußen“ (Boyle, S. 145).

Fried und Freundschaft der Nachbarn, und der Untertanen Lieb, der kostbarste Familienschatz sein wird(,) der auf Enkel und Urenkel erbt" (R 81,10 ff./HL 64,22 ff.). Statt eines Nationalverbandes wünscht Götz eine Ansammlung von Familien, statt Konzentration sieht er das **Heil in der Dezentralisation**. Darauf gründet sich seine oft beschworene Freiheit (R 80,15 ff. u. ö./HL 63,30 ff.), die weder eine soziale Kontur noch eine Beachtung nationaler Interessen enthält. Am Ende findet Götz nach dem Urteil seiner Frau seine Freiheit im Himmel, „Nur droben(,) droben bei dir." (R 119,14/HL 96,1) Freiheit wird als gesellschaftlicher Wert inhalts- und sinnlos. Die Analyse des nationalen Zustands Deutschlands um 1500 erreicht damit in Goethes *Götz* 1773 eine Qualität, wie sie erst 1850 Friedrich Engels in seiner Untersuchung *Der deutsche Bauernkrieg* vorlegte (s. S. 27 der Erläuterung).

Familie statt Nationalverband

Sturm und Drang

Goethe stammte aus einem gebildeten und wohlhabenden Haus einer Freien Stadt; er bekam früh eine bemerkenswerte Bildung und einen weltoffenen Blick. Seine Studien führten ihn zunächst von Leipzig nach Straßburg. Seine **juristische Ausbildung** betrieb er mäßig, in Straßburg konnte er die Studien mit dem Lizenziat abschließen, ohne den erstrebten Doktortitel zu erreichen. Diese Ausbildung, die alte Rechtsdokumente einbezog, unterstützte die Suche nach dem nationalen Stoff wie auch seine Begegnung mit der sich bildenden künstlerischen Bewegung des Sturm und Drang, die eine Fortsetzung der bürgerlichen Aufklärung war. Der Sturm und Drang begann in den 1760er Jahren. Ihren Namen bekam die Bewegung von Friedrich Maximilian Klingers Drama *Der Wirrwarr* (1776), dem Christoph Kaufmann (1753–1795) gegen Klingers Willen den Titel *Sturm und Drang* gegeben hatte. Als erstes Zeugnis der neuen Literaturbewegung gelten Herders Fragmente *Über die*

Goethes juristische Studien

Suche nach nationalem Stoff

Herders Vorarbeit

neuere deutsche Literatur (1767), in denen eine **natürliche Sprache**, die Abkehr von manieriert künstlerischer Sprachgestaltung und die **Behandlung nationaler Stoffe** gefordert wurde. Begeistert wies Herder auf Luthers Leistung dafür hin; seine Betonung des Zeitalters der Reformation mutet wie eine Ankündigung von Goethes *Götz von Berlichingen* an und zeigt, welche Erwartungshaltung um 1770 vorhanden war:

> „In Deutschland hat Luther in diesem Gesichtspunkt unendlich Verdienst. Er ist's, der die deutsche Sprache, einen schlafenden Riesen, aufgewecket und losgebunden (...) er hat durch seine Reformation eine ganze Nation zum Denken und Gefühl erhoben."[5]

Sozialer Widerspruch als literarisches Thema

Inhaltlich neu war das **soziale Interesse für bäuerlich-plebejische Kräfte**, die auch in Goethes *Götz* auftreten. Aus England und Frankreich waren agrarpolitische Überlegungen gekommen, die der rückständigen feudalen Struktur in Deutschland (Erbuntertänigkeit, Leibeigenschaft, Fron) mit einem agrarkapitalistischen Konzept begegneten (Verbesserung der Anbaumethoden, Beginn der Mechanisierung, Düngung) und damit antifeudal wirkten. Der **Bauer** stieg zum **Partner des aufstrebenden Bürgertums** und zum Gegner der Fürsten auf. Der soziale Widerspruch wurde zu einem wichtigen Thema der zeitgenössischen Literatur. Mit welcher Schärfe diese Beziehungen vorgetragen wurden, zeigt das im Jahr des *Götz* 1773 entstandene Gedicht Gottfried August Bürgers *Der Bauer an seinen Fürsten*: „Ha, du wärst Obrigkeit von Gott? / Gott spendet Segen

---

5 Johann Gottfried Herder: *Über die neuere deutsche Literatur*. Dritte Sammlung von Fragmenten (1767). In: Ders.: Werke, hrsg. von Theodor Matthias. Leipzig und Wien: Bibliographisches Institut o. J., Bd. 1, S. 142.

aus! Du raubst! / Du nicht von Gott! Tyrann!"[6] Die Orientierung auf das **Volkslied**, wie es Goethe in Straßburg sammelte, gehörte ebenfalls in dieses Umfeld. Das dort gefundene *Lied vom Herrn von Falkenstein* schlug sich unmittelbar im Text nieder, indem die soziale Konfrontation des Liedes in der Helfenstein-Szene umgekehrt wurde. Beides, die Sicht auf die sozial benachteiligten Kräfte und die aus ihnen kommende Kunst und Literatur, waren die bedeutendsten, geradezu revolutionären Orientierungen der Literatur des Sturm und Drang, weil sie Charakteristika der „Nation" – ein wesentliches Thema der Dichter des Sturm und Drang – waren.

„Nation" als Thema

Einfluss Herders

Für diese Einsichten war Herder für Goethe in der **Straßburger Zeit** der Partner geworden, der ihm zu einer neuen Kunst- und Weltsicht verhalf: In deren Zentrum standen die soziale Orientierung, die Volksdichtung und Shakespeares Dichtungen. Herder sah Goethe nach den ersten literarischen Erfolgen als deutsche Entsprechung zu Shakespeare. Zwar kritisierte er später den *Götz von Berlichingen* gegenüber dem Autor, aber Freunden und seiner späteren Frau Maria Karoline empfahl er das Werk, es habe „ungemein viel deutsche Stärke, Tiefe und Wahrheit"[7]. Seinen Aufsatz *Shakespeare* beendete Herder mit der Anrufung Goethes und der Ankündigung des *Götz* in der Tradition Shakespeares, mit einer Ansprache an den Freund:

> „Glücklich, dass ich noch im Ablaufe der Zeit lebte, wo ich ihn [Shakespeare, R. B.] begreifen konnte und wo du, mein Freund, der du dich bei diesem Lesen erkennest und fühlst und den ich vor seinem heiligen Bilde mehr als einmal umarmet, wo du noch

---

6 *Bürgers Gedichte.* Kritisch durchges. und erläuterte Ausgabe. Hrsg. von Arnold E. Berger. Leipzig und Wien: Bibliographisches Institut, o. J. [1891], S. 83.
7 Herder an Karoline Flachsland, Ende Juli 1772. In: Bode, Bd. 1, S. 30.

den süßen und deiner würdigen Traum haben kannst, sein Denkmal aus unsern Ritterzeiten in unsrer Sprache, unserm so weit abgearteten Vaterlande herzustellen.“[8]

Einfluss Justus Mösers

Durch Herder lernte Goethe in Straßburg die Arbeiten Justus Mösers kennen. Darunter befand sich auch die Abhandlung *Von dem Faustrecht*, die mit einem Satz eröffnet wird, der Götz von Berlichingens ritterlichen Alleinkampf bestätigt:

„Die Zeiten des Faustrechts in Deutschland scheinen mir allemal diejenigen gewesen zu sein, worin unsre Nation das größte Gefühl der Ehre, die mehrste körperliche Tugend und eine eigene Nationalgröße gezeiget hat.“[9]

Goethes Wahl des Götz-Stoffes

Goethe begeisterte sich für „das Genie und den Geist“ jener Zeit, „welcher nicht in Stein und Marmor, sondern am Menschen selbst arbeitete und sowohl seine Empfindungen als seine Stärke auf eine Art veredelte, wovon wir uns jetzt kaum Begriffe machen können“[10].

Der Anwalt Goethe und das Faustrecht

Die **Zeiten des Faustrechts und der Ritterschaft** gaben Goethes juristischen Studien einen anderen, lebendigeren Hintergrund. Das führte ihn zu Götz von Berlichingen (um 1480–1562). Männlichkeit und Ehrlichkeit, Kraft und Ursprünglichkeit übertrug Goethe, von Möser beeinflusst, auf seinen Götz. Dass dieser ein Raubritter war, tat nichts zur Sache. Möser entschuldigte: „Die einzelnen Räubereien, welche zufälligerweise dabei unterliefen, sind nichts

---

8 *Herder – Goethe – Möser*, S. 91.

9 Justus Möser: *Von dem Faustrecht* (1770) in den *Osnabrückern Intelligenzblättern*. Unter dem Titel *Der hohe Styl der Kunst unter den Deutschen* aufgenommen als Nr. 54 in die *Patriotischen Phantasien*. Justus Möser: *Sämtliche Werke*. Neu geordnet und aus dem Nachlasse desselben gemehrt durch B. R. Abeken. Hrsg. von seiner Tichter J. W. J. v. Voigts, geb. Möser. Berlin: Verlag der Nicolaischen Buchhandlung, 1842, 1. Teil, S. 395.

10 Ebd., S. 396.

in Vergleichung der Verwüstungen, so unsre heutigen Kriege anrichten."[11]

Widersprüchlichkeit des historischen Götz

Götz als Selbsthelfer

Goethes Wahl des Götz von Berlichingen zum literarischen Helden und zum Selbsthelfer des Sturm und Drang entsprach der subjektiven Begeisterung Goethes, war aber objektiv historisch widersprüchlich: Einerseits war für ihn Götz einer „der edelsten Deutschen"[12], ehrenhaft und sympathisch, dessen Geschichte „eines braven Mannes" er entsprechend dieser Bewertung dramatisieren wollte. Andererseits geriet die soziale Schichtung in den Blick, machte auf die politische Rückständigkeit der deutschen Zustände samt ihrer Ritterschaft aufmerksam, lenkte den Blick auf die ausgebeuteten und aufständischen Bauern. Durch die Erfindung der Feuerwaffen und die entstehenden Söldnerheere war das ritterliche Berufsheer im 16. Jahrhundert bedeutungslos geworden. Damit schwand auch die wirtschaftliche Sicherheit der Ritter, deshalb erwarben sie durch Überfälle auf Kaufleute und wohlhabende Städte ihren Lebensunterhalt. Auch die neu entstehende bürgerliche Kraft, die nicht nur das historisch überholte Rittertum verdrängte, sondern auch gegen die feudalabsolutistischen Herrschaftsstrukturen antrat, erschien auf der Bühne. Bezeichnend ist der Dialog des juristisch interessierten Bischofs mit dem Rechtsgelehrten Olearius, der auf die Frage, ob viele Deutsche von Adel in Bologna studierten, antwortet: „Vom Adel- und Bürgerstand." (R 25,25/HL 19,6) Noch deutlicher werden bürgerliche Lebensformen in den **privaten Szenen der Berlichingens** vorgeführt: Einmal wird man Zeuge einer Unterrichtseinheit, die Maria dem Kinde Carl gibt und die den

Krise des Rittertums

Das Bürgertum im *Götz*

Familie als Thema des Sturm und Drang

---

11 Ebd.

12 Brief an Salzmann, 28. 11. 1771. In: Eibl u. a.: *Der junge Goethe*, Bd. 1, S. 649.

Götz von Berlichingen (um 1480–1562), der „Ritter mit der eisernen Hand"

bürgerlichen Erziehungsmodellen, wie sie von Rousseau abgeleitet wurden, entspricht (R 14,24 ff./HL 10,21 ff.). Zum anderen sind die **häuslichen Szenen zwischen Götz und Elisabeth** (R 77,20 ff./HL 61,14 ff.; R 79,23 ff./HL 63,7 ff.) nicht von ritterlichen, sondern von bürgerlichen Themen der Familie, die der Sturm und Drang als eines seiner Hauptthemen entdeckte, und des Haushalts bestimmt. In diesen Szenen, die den zeitlichen Rahmen zur Gegenwart öffnen, fallen auch die sprachlichen Gestaltungsmittel, die das historische Kolorit des 16. Jahrhunderts einbringen sollten, aus und machen einer normalen Hochsprache Platz, durch die der **Eindruck bürgerlicher Idyllik** noch verstärkt wird.

Goethes Sympathie galt einem untergehenden sozialen Helden und seinem Umfeld, der Ritterschaft, aber sein analytischer Blick, entstanden in der Freien (Reichs)Stadt Frankfurt am Main (bis 1866), hatte bürgerliches Denken zur Grundlage. Mit dem **Typ des Selbsthelfers**, den der Sturm und Drang als Zentralfigur seiner Dramatik entwickelte, erreichte er ein großes Publikum. Was den Selbsthelfer ausmachte, beschrieb Goethe später auch im Zusammenhang mit *Götz von Berlichingen*: „(…) in wüsten Zeiten (entschließt sich) der wohldenkende brave Mann allenfalls an die Stelle des Gesetzes und der ausübenden Gewalt zu treten" (BA 13, 577).

Widersprüchliche Heldenwahl

Goethe spürte die Widersprüchlichkeit Götz von Berlichingens intuitiv. 1850 wurde sie von Friedrich Engels in seinem Buch *Der deutsche Bauernkrieg* objektiv bestimmt: Die Bedeutung der Reichsritter und des Adels schwand im 16. Jahrhundert, die weltlichen und geistlichen Fürsten wurden stärker und beförderten die Zersplitterung des deutschen Reiches. Das fiel „mit dem Untergang der Deutschen als Nation“[13] zusammen. Franz von Sickingen (und Ulrich von Hutten) betrieben deshalb eine Reichsreform, die die Macht der Fürsten einschränken sollte und eine Adelsdemokratie zum Ziel hatte; Götz wird in Goethes Stück von Sickingen von seiner „Unternehmung“ informiert (R 91,24 ff./HL 73,4 ff.), dass die Reichsritter an die Stelle der Fürsten treten. Zur Verwirklichung der Ziele hätte der Adel jedoch auf seine Privilegien (Leibeigenschaft u. a.) verzichten müssen, um Bauern und Bürger als Partner gewinnen zu können. Weil er das nicht tat, scheiterte der Kampf Franz von Sickingens, und „die Macht des Adels, als einer von den Fürsten unabhängigen Körperschaft“[14], war gebrochen.

Sickingens Reichsreform

Das zeitgenössische Umfeld der Entstehung des *Götz*

EPOCHEN	ALLGEMEINE GESCHICHTE	KULTURGESCHICHTE	LITERATURGESCHICHTE
Aufklärung 1720–1785	Friedrich II. von Preußen (1712–1786): 1740 Abschaffung der Folter. 1740–1745: Schlesische Kriege. Siebenjähriger (Dritter Schlesischer) Krieg (1756–1763): Preußen wird europ. Großmacht; Joseph II. (Reg.zeit: 1765–1790: Kaiser des Hlg. Röm. Reiches Dt. Nat.): Josefinische Reformen. Bedeutung des 3. Standes (Bürger) wird deutlich.	Übergang zur Aufkl. durch Anakreontik Frühaufklärung: René Descartes (1596–1650): „Ich denke, also bin ich.“ (cogito ergo sum) B. Spinoza (1632–1677), John Locke (1632–1704), G. W. Leibniz (1646–1716), A. H. Francke (1663–1727), Voltaire (1694–1778), J.-J. Rousseau (1712–1778): *Zurück zur Natur*, zahlreiche Zeitschriften.	J. C. Gottsched (1700–1766, Entw. der Dramatik nach franz. Vorbild, Poetik), A. v. Haller (1708–1777, Lehrgedicht), C. F. Gellert (1715–1769), J. E. Schlegel (1719–1749), G. E. Lessing (1729–1781): bürgerl. Trauerspiel nach engl. Vorbild, F. Klopstock (1724–1803): *Dt. Gelehrtenrepublik*, C. M. Wieland (1733–1813), M. Claudius (1740–1815).

13 Friedrich Engels: *Der deutsche Bauernkrieg*. Berlin: Dietz Verlag, 1951, S. 110.
14 Ebd., S. 116.

EPOCHEN	ALLGEMEINE GESCHICHTE	KULTURGESCHICHTE	LITERATURGESCHICHTE
		1735: *Systema naturae* (Carl v. Linné).	Engl. Sonderform: der empfindsame Roman (Sterne, Richardson). „Empfindsamkeit" setzte sich in Dt. nicht als Epochenbegriff, nur als Ergänzung zur Aufklärung durch.
Sturm und Drang (Geniezeit) 1767–1785	1. polnische Teilung 1772, 1774: König Louis XVI. in Frankreich (bis 1792). Nordamerika: Nordamerik. Unabhängigkeitskrieg (1775–1783), Landgraf von Hessen-Kassel verkauft insges. 19.000 Soldaten. Unabhängigkeitserklärung und Erklärung der Menschenrechte (1776). Österr.: Toleranzpatent (Freiheit der Religionsausübung), Aufhebung der Leibeigenschaft.	Naturrecht als Gesellschaftsrecht. Landschaftspark Wörlitz (1764–1798) Braunkohlenförderung. Stiftung der Bergakademie. Anfänge der industriellen Revolution mit mech. Spinnmaschine, mech. Webstuhl und Dampfmaschine des James Watt, erste Weltreise des J. Cook (1768–1771). Unabhängigkeitserklärung der USA (4. 7. 1776): Verfassung der USA 1787.	Periode datiert nach J. G. Herders (1744–1803) *Fragmenten* (1767) bis zu Goethes erster ital. Reise 1786–1788. W. Heinse (1746–1803), H. L. Wagner (1747–1779); G. A. Bürger (1747–1794), F. Müller, genannt: Maler Müller (1749–1825), der junge Goethe und Schiller, J. M R. Lenz (1751–1792), F. M. Klinger (1752–1831), Göttinger Hain (Hainbund) mit J. H. Voß (1751–1826). **Shakespeare wird für das dt. Theater und die dt. Dramatik entdeckt: Goethe: *Götz von Berlichingen*, 1771/73.**

Bedeutung von Goethes Anwaltstätigkeit für das Stück

Schlechter Ruf der Juristen

Nach seiner Rückkehr in seine Heimatstadt beantragte Goethe im August 1771 seine Zulassung als Rechtsanwalt (3. September). Bis zum Aufbruch nach Weimar 1775 führte er 28 überwiegend belanglose Prozesse. In den folgenden Rechtsangelegenheiten erschien Goethe manchmal wie ein Rhetor und Schriftsteller, nicht nur als Rechtsanwalt.[15] Goethe begegnete rechtlichen Situationen, die Parallelen zu Rechtsfragen im *Götz* darstellen. Entsprechende Rechtsdiskurse sind darin zu finden (R 26,7 ff./HL 20,3 ff.). Goethes Rechtsangelegenheiten, die ihn auch für die spätere Ministertätigkeit in Weimar prädestinierten, waren nicht nur als „juristisches Rollenspiel die begleitende Übung bei einem literarischen Spiel"[16], gemeint ist der *Götz*, sondern ernsthafte Berufstätigkeit. Zugleich schlugen sich die Erfahrungen im *Götz* nieder: Juristen hatten, besonders in Frankfurt, keinen guten Ruf, weil sich viele als Winkeladvokaten durchschlagen mussten. Im *Götz* erzählt der Gast des Bischofs Olearius, dass der „Pöbel" den Juristen „als einen Verwirrer des Staats (hält), einen Beutelschneider", und sich „rasend" wehrt, „dass sich dort keine anbauen" (R. 28,8 ff./HL 21,8 ff)[17].

Goethes Rede *Zum Schäkespears Tag*

Einfluss Shakespeares

Daneben interessierten Goethe literarische Anregungen. Schon in Leipzig hatte er seit 1766 Shakespeares Werke kennengelernt und 1770 „nach ihm [Oeser, R. B.] und Schäkespearen (...) Wieland" als „echten Lehrer" anerkannt.[18] Zum Namenstag William Shakespeares lud er am 14. 10. 1771 die Frankfurter Verehrer Shakespeares und Freunde zu einer Feier ins elterliche Haus ein, bei der er seine berühmte Rede „Zum Shakespeare-Tag" (bei Goethe: *Zum Schäkespears Tag*) hielt. Es wurde eine Feier mit „großem Pomp" (an Herder 1771, BA 7, 835). Das Haushaltsbuch des Vaters weist sogar

---

15 Vgl. Eibl u. a.: *Der junge Goethe*, Bd. 1, S. 770.
16 Safranski, S. 104.
17 In der *Ausgabe letzter Hand* heißt es: „(...) sind wie rasend, wenn einer dort sich niederzulassen gedenkt." (BA 7, 171)
18 Brief vom 20. Februar 1770 an Philipp Erasmus Reich (1717–1787). In: Eibl u. a.: *Der junge Goethe*, Bd. 2, S. 553.

Bekenntnis zu einem neuen Drama

Musiker aus, die bezahlt wurden.[19] Die Rede gipfelte im Bekenntnis zu einem neuen Drama, „in dem die Geschichte der Welt vor unsern Augen an dem unsichtbaren Faden der Zeit vorbeiwallt"[20]: Dieses Drama verzichtete auf den bisherigen klassizistischen bzw. französischen Regelzwang, zollte den griechischen Dramatikern Anerkennung und entwickelte eine neue, moderne Form für Figuren, die wie von Prometheus geschaffen erschienen, nur von „Kolossalischer Größe", Shakespeare belebe sie „mit dem Hauch *seines* Geistes". Nicht mehr „geschnürt und geziert" sollten die Helden sein, sondern nur **Natur**. Es ging Goethe in seiner Rede nicht um die Nachahmung der Natur, also um Widerspiegelung, sondern um die Kunst als Teil der Natur, also um Erkenntnis, nicht um Einzelnes aus der Natur, sondern um „die ganze Welt"[21].

Die Natur, Originalität, Ursprünglichkeit

Die Rede ist eine der ersten und wichtigsten programmatischen Schriften für den Sturm und Drang. Sie gehört als theoretische Schrift zum *Götz von Berlichingen*. Wenn Goethe aus Shakespeares Werken ableitete, alles in der Welt drehe sich um den geheimen Punkt, in dem „das Eigentümliche unsres Ichs, die prätendierte Freiheit unsres Wollens, mit dem notwendigen Gang des Ganzen zusammenstößt"[22], so hatte er den wesentlichen Vorgang seines *Götz von Berlichingen*, wenn auch in abstrahierter Weise, beschrieben. An die Stelle von strenger Form und Dreieinheit traten Natur, Originalität und Ursprünglichkeit, an die Stelle des Verses die freie Rede, an die Stelle der typisierten Figuren der anarchische Typ des Selbsthelfers. Der aber wird, trotz der Niederlage, gerettet oder besser: erlöst. Generell gilt: Wer in Goethes Werken stirbt oder vom

---

19 Eine eindrucksvolle Beschreibung dieser Feier findet sich bei Sigrid Damm: *Cornelia Goethe*. Berlin und Weimar: Aufbau-Verlag, 1987, S. 118 f.
20 Goethe: *Zum Schäkespears Tag*. In: Eibl u. a.: Der junge Goethe, Bd. 2, S. 363.
21 Ebd., S. 364 f.
22 Ebd., S. 363.

Tod bedroht ist, wird erlöst. Immer sind es die Frauen, die erlösen; erlöst werden die Männer. Auch Götz stirbt einen ruhigen Tod im Beisein von Frau und Schwester; es ist eine **Erlösung**, die ihn in den Himmel und eine transzendente Freiheit entführt und das irdische Jammertal zurücklässt. Der Abschluss des Schauspiels erschüttert nicht, sondern entlässt den Zuschauer oder Leser in ruhiger Gelassenheit. Götz bekommt am Ende des Stückes eine Größe, die den Tod vergessen macht. Ein tragisches Moment ist Götz' Schicksal immanent: Der Selbsthelfer kämpft für sein Recht im Glauben, dass er damit gültige Gesetzlichkeit durchsetzt; aber dieses Recht ist historisch überholt, und so wird Götz zum politischen Verbrecher. Das ist eine tragische Konstellation, da Götz – wie er sich auch entscheidet – zum Verlust verurteilt wird: entweder, wenn er seinen Kampf aufgibt, zu dem seiner Rechtschaffenheit oder, wenn er sich für das gültige Recht entscheidet, zu dem seiner Rechtsauffassung. Indem Goethe aber nicht diese historische Konfrontation ausstellen wollte, sondern ihm nur die Persönlichkeit des Selbsthelfers wichtig war, bekommt dieses tragische Moment kaum Bedeutung.

Götz' Tragik

Goethes Abwendung vom Sturm und Drang

Kein Platz für Götz in Weimar

Am 7. November 1775 fuhr Goethe in Weimar ein; ein musenfreundlicher Hof dank der Herzoginmutter Anna Amalia empfing ihn. Die Zeit des Sturm und Drang war für ihn vorüber; ein aufbegehrender Ritter wie Götz von Berlichingen hatte im Umkreis höfischer Ordnung, in die sich Goethe schnell und komplikationslos einordnete, keine Bedeutung. Dass sich Goethe schwertat, sein Stück für die Weimarer Bühne einzurichten, hatte daher nicht nur dramaturgische Gründe. Vielmehr riet er von dem Stück ab, auf das er in der Zeit vor der Ankunft in Weimar so große Hoffnungen gesetzt hatte: „Auf seine gute Natur verlass ich mich, er wird fortkommen und dauern."[23] Daraus war schließlich „eine angeborne Unart" geworden, wie er am 14. Juni 1804 an Iffland schrieb, die „schwer zu meistern" sei. Nun hielt er den *Götz*, der bei seinem Erscheinen die gesamte Theaterwelt in Aufregung versetzt hatte, für „antitheatralisch" (an W. v. Humboldt am 30. Juli 1804). Auch die Ansichten des Sturm und Drang wurden nicht in die alltägliche Politik übernommen; zwischen dem Dichter, der aus dem Sturm und Drang kam, und dem Minister, der seinem Herzog dienen musste, lagen Welten. Aber durch den *Götz von Berlichingen* und den Roman *Die Leiden des jungen Werther* kam er als berühmter Dichter nach Weimar.

---

23 Brief an Kestner, August 1773. In: Hartung, S. 110.

2.3 Angaben und Erläuterungen zu wesentlichen Werken

ZUSAMMEN-FASSUNG

Das geistige und literarische Umfeld zu *Götz von Berlichingen* ist während der Straßburger Studienzeit Goethes und unter dem Einfluss Herders samt der ihn umgebenden Stürmer und Dränger entstanden. Vor allem die Beschäftigung mit Volksdichtung, Shakespeare und nationalen Traditionen wirkte sich aus. Auch Biografisches (Liebe zu Friederike Brion) hat seine Aufnahme gefunden. Nach Frankfurt zurückgekehrt, schlugen sich auch die juristischen Arbeiten und Rezensionen zur zeitgenössischen Literatur im Werk nieder.

Im Schauspiel *Götz von Berlichingen* treffen sich unterschiedliche Bemühungen und Beiträge des jungen Goethe zum **Sturm und Drang**. Das betraf die Sammlung von Volksliedern und die darin behandelten Stoffe, gemeinsam diskutierte nationale Themen von Bedeutung und ein modernes Theater in der Nachfolge Shakespeares.

Zum Schäkespears Tag (1771)

Shakespeare-Rede

Nach dem protestantischen Kalender war der 14. Oktober der Namenstag Wilhelms. Für Goethe und seine Freunde war Shakespeare zum Partner im Kampf gegen die französische, besonders die klassizistische Kultur geworden. Lessing hatte, keineswegs als erster, 1759 auf ihn hingewiesen (17. Literaturbrief), Heinrich Wilhelm von Gerstenberg (*Ugolino*, 1768) trug zur Verbreitung bei, und Wielands Prosa-Übersetzungen von 22 Stücken Shakespeares (1762/66) bewirkten weitere Bekanntschaft. Als Lessing sich äußer-

Sammlung von Volksliedern für Herder (1771), verwandte Stoffe und Bekanntschaft mit sozialen Gruppen

Von deutscher Baukunst (1772), Bedeutung nationaler Stoffe und Themen; Bekenntnis zur natürlichen Schöpferkraft des Menschen, „Genie" und „Selbsthelfer"

↓ ↓

***Götz von Berlichingen* 1771–1773**

↑ ↑

Beschäftigung mit Shakespeare, Rede (1771); die offene Form des Dramas

Gedichte an Friederike (1771), die große Liebe und die reine Frau, die Härten von Trennungen

te, war Shakespeare in Deutschland allerdings bereits „einigermaßen eingebürgert"[24].

Von deutscher Baukunst (1772)

Begegnung mit dem Straßburger Münster

Erstdruck Herbst 1772. Anlass war die Begegnung mit dem Straßburger Münster. Goethe plädierte für die Freiheit des Geistes, des Schöpfers, der die Regeln des Kunstwerkes bestimme und nicht Fremdes nachahme, und erklärte die Gotik zur nationalen deutschen Baukunst. Des Lobes voll für das Bauwerk und seinen Schöpfer Erwin Steinbach, erklärte er die „Wahrheit und Schönheit" „aus starker, rauher, deutscher Seele"[25], wie sie, so ließe sich hinzusetzen, auch den Ritter Götz von Berlichingen auszeichnet.

---

24 Hugh Barr Nisbet: *Lessing. Eine Biographie.* Aus dem Englischen übersetzt von Karl S. Guthke. München: Verlag C. H. Beck, 2008, S. 340.

25 Goethe: *Von deutscher Baukunst.* In: Eibl u. a.: Der junge Goethe, Bd. 2, S. 373.

Frankfurter Gelehrte Anzeigen (1772)

„Alle Begrenzungen durchbrechen"

Goethe arbeitet, begrenzt auf 1772, an dieser von Merck herausgegebenen bedeutenden Zeitschrift mit. Für dieses Jahr wird die Zeitschrift „eine Art Zentralorgan des Frankfurter Sturm und Drang"[26]. Die Rezensionen in der Zeitschrift, die auch von Goethe stammten, gaben nach ihm „einen vollständigen Begriff von dem damaligen Zustand unserer Gesellschaft und Persönlichkeit" und entsprachen dem Zeitgeist und der Grundhaltung im *Götz*, dem „unbedingten Bestreben, alle Begrenzungen zu durchbrechen."[27]

Maskenzug (1818)

Goethes Bewertung des *Götz* 45 Jahre später

Vollständiger Titel: *Bei allerhöchster Anwesenheit Ihro Majestät der Kaiserinmutter Maria Feodorowna in Weimar. Maskenzug*. Goethes Bewertung seines *Götz*, 45 Jahre nach dem Entstehen des Stücks, ist aufschlussreich, und da es sich um den bemerkenswertesten Maskenzug des Dichters handelt, darf den Aussagen besondere Bedeutung zugemessen werden: Die personifizierten Epos und Tragödie begleiten und erklären den Maskenzug. Epos, „die Heldendichtung, sonst nur Unheil unter den Großen besingend, erfreut sich glückbringender Einigkeit der höchsten Herrscher" (BA 4, S. 603) und verweist auf *Ilias* und *Odyssee*, nimmt sich dann aber auch des *Götz von Berlichingen* an. Damit wird eine literarische Tradition geschaffen, in die Shakespeare indirekt eingefügt wird, denn Götz von Berlichingen tritt als Beispiel für eine „freiere Dichtart" auf, das deutet auf Shakespeare, gegenüber den „Alten" und „Franzosen" hin.

> Götz wird „von den Seinigen begleitet, mit Gegnern ausgesöhnt. Wir sehen *Gattin, Sohn* und *Schwester*, voran den treuen *Georg*.

---

26 Eibl u. a.: *Der junge Goethe*, Bd. 2, S. 561.
27 Goethe: *Tag- und Jahreshefte*. In: BA 16, 8.

> *Weislingen, Adelheid* und *Franz* dürfen nicht fehlen. *Landvolk* zeigt sich, den einfachen Lebensgenuss zur verworrensten Zeit, *Zigeuner* dagegen, den gesetzlichen Zustand aufgelöst anzudeuten."[28]

Goethe beschrieb die dramaturgische Gegensätzlichkeit der beiden Handlungen um Götz und Weislingen: auf der einen Seite der deutsche Ritter, der mit seinem Rechtssinn von den Verhältnissen getrieben wurde, auf der anderen die neue Macht der Territorialfürsten, die mit List und Ränken gegeneinander, vor allem aber gegen die letzten Ritter kämpfen. – Das historische Umfeld, in dem sich Götz bewegt, wird mit dem der jüngsten Vergangenheit verglichen. Die „Schreckenstage, die ein Reich erfährt", weisen auf die Französische Revolution von 1789, „wo das Gesetz verstummt, der Fürst entflieht"; sie werden verglichen mit der

> „Zeit, / Wo Deutschland, in und mit sich selbst entzweit, / Verworren wogte, Zepter, Krummstab, Schwert / Feindselig eins dem andern zugekehrt; / Der Bürger still sich hinter Mauern hielt, / Des Landmanns Kräfte kriegrisch aufgewühlt".

Götzens Rolle in dieser Zeit kam aus dem „Trieb, gerecht zu sein", aber da er „recht und unrecht" handeln musste, ging er im „Zeitensturm" (BA 4, 626) unter. Aus der Rückschau wird noch einmal deutlich, wie Goethe seinen Stoff zum *Götz von Berlichingen* unter dem Aspekt des bevorstehenden Umbruchs seiner Zeit gewählt hatte.

---

28 Goethe: *Bei allerhöchster Anwesenheit Ihro Majestät der Kaiserinmutter Maria Feodorowna in Weimar. Maskenzug.* In: BA 4, 605 (Sperrungen im Original hier kursiviert wiedergegeben.)

3. TEXTANALYSE UND -INTERPRETATION

3.1 Entstehung und Quellen

ZUSAMMEN-FASSUNG

Über Entstehung und Quellen des *Götz von Berlichingen* hat Goethe Auskunft gegeben:

→ Bereits 1766 dachte er über eine neue Qualität des historischen Schauspiels nach.
→ In Straßburg erhielt er die entscheidenden Anregungen.
→ Die beiden Fassungen von 1771 (*Urgötz*) und 1773 entstanden jeweils in kurzer Zeit.
→ Auch der Aufenthalt im Reichskammergericht in Wetzlar (1772) wirkte sich aus.
→ Die entscheidende Quelle war Götz' *Lebens-Beschreibung*, aber auch zahlreiche Rechtsbücher gehörten dazu.

Die Entstehung des *Urgötz* (1771)

Suche nach aktuellen Stoffen

Als am 10. Oktober 1766 in Leipzig ein festes Theater eröffnet wurde, war der Student Goethe anwesend. Auf dem Vorhang stand Shakespeare, „ohne Vorgänger und Nachfolger" (BA 13, 337 f.), neben Sophokles und Aristophanes. Eröffnet wurde das Theater mit Johann Elias Schlegels „patriotischem" Stück *Hermann* (1743). Dem jungen Goethe missfiel, dass das Thema zu weit von seiner Gegenwart entfernt lag. Er begann „nach bedeutenderen Gegenständen in der späteren Zeit" (BA 16, 391) zu suchen. Und: „(...) so war dieses der Weg, auf dem ich einige Jahre später zu *Götz von Berlichingen* gelangte." (BA 16, 391)

Götz' *Lebens-Beschreibung*

Während seines Studiums 1770/71 in Straßburg erregte der historische Götz von Berlichingen, „die Gestalt eines rohen[29], wohlmeinenden Selbsthelfers in wilder, anarchischer Zeit" (BA 13, 446), Goethes Aufmerksamkeit. Zuerst fand er „etliche Spuren dieses vortrefflichen Mannes in einem juristischen Buch"[30], wie Goethes Mutter mitteilte, dann las er **Götzens** *Lebens-Beschreibung*, die den umfangreichen, aber zeitüblichen Titel trug:

> „Lebens-Beschreibung Herrn Gözens von Berlichingen, Zugenannt mit der Eisern Hand, Eines zu Zeiten Kaysers Maximiliani I. und Caroli V. kühnen und tapfern Reichs-Cavaliers, Worinnen derselbe 1.) alle seine von Jugend auf gehabte Fehden, und im Krieg ausgeübte That-Handlungen, 2.) seine in dem Bauern-Krieg A. 1525 widerwillig geleistete Dienste, und dann 3.) einige andere, außerhalb dem Krieg und denen Fehden, gethane Ritter-Dienste aufrichtig erzehlet, und dabey seine erlebte Fatalitäten mit anführet" (Nürnberg 1731).

Boom der Ritter- und Heldengeschichten

Aus ihr bzw. den Anmerkungen des Herausgebers Georg Tobias Pistorius (d. i. Franck von Steigerwald) stammen zahlreiche Zitate, die in das Stück übernommen wurden (vgl. S. 44 der Erläuterung). Goethe stand mit seinem Interesse für den Reichsritter Gottfried „Götz" von Berlichingen (um 1480–1562) nicht allein da, damals erfreuten sich Helden- und Ritterbiografien großer Aufmerksamkeit; entsprechende Romane waren verbreitet.[31] Verstärkt wurden

---

29 „Roh" hatte in dieser Zeit zahlreiche Bedeutungen, darunter auch die von Wieland verwendete Bedeutung „einfach" und die von Goethe später verwendete „weiter zu gestalten". Dadurch entstehen keine Widersprüche zwischen den Attributen. Vgl. *Deutsches Wörterbuch* der Gebrüder Grimm, „roh": II Bedeutung und Gebrauch, 5.) und 6.).

30 Brief Elisabeth Goethes an den Schauspieler G. F. W. Grosmann vom 4. Februar 1781, in: Bode, Bd. 1, S. 266.

31 Vgl. Xenja von Ertzdorff: *Romane und Novellen des 15. und 16. Jahrhunderts in Deutschland*. Darmstadt: Wissenschaftliche Buchgesellschaft, 1989, S. 161 ff., besonders 173 ff.

Goethes Neigungen durch die Stürmer und Dränger in Straßburg. Herder, in dessen Kreis Goethe dort verkehrte, hatte Goethe auf ein streng rationales Programm festgelegt, deshalb verschwieg Goethe, dass sich Götz und auch Faust als „poetische Gestalten" bei ihm „eingewurzelt hatten" (BA 13, 446). Daraus „baute sich nach und nach" das Stück in Goethes „Geiste zusammen, das Studium des fünfzehnten und sechzehnten Jahrhunderts beschäftigte mich" (BA 13, 546 f.). Aber es entstanden zunächst keine Manuskripte. Mehrfach hatte Goethe seiner Schwester Cornelia gegenüber darüber gesprochen, wie die *Lebens-Beschreibung* des Götz von Berlichingen vorhandene dramatische Strukturen sprenge, wenn man sie auf die Bühne bringen wolle. Die Schwester Cornelia wurde ungeduldig und forderte ihn auf, „endlich einmal das, was mir so gegenwärtig wäre, auf das Papier festzubringen." (BA 13, 613) Ende November 1771 begann Goethe mit der Arbeit. In sechs Wochen schrieb er 1771 *Geschichte Gottfriedens von Berlichingen mit der eisernen Hand. Dramatisiert*, den später sogenannten *Urgötz*. Cornelia nahm Anteil, zollte den abends vorgelesenen Szenen Beifall und reizte ihren Bruder, indem sie an seiner Beharrlichkeit, das Stück zu Ende zu führen, zweifelte. Goethe schrieb das Werk nach historischen Studien, aber

Erste Beschäftigung mit *Götz* und *Faust*

Goethes Schwester wird ungeduldig

> „erstaunte zehn Jahre später über die Wahrheit meiner Darstellung. Erlebt und gesehen hatte ich bekanntlich dergleichen nicht, und ich musste also die Kenntnis mannigfaltiger menschlicher Zustände durch Antizipation besitzen"[32].

Der *Urgötz* (1771)

Die fertige erste Fassung schickte Goethe an **Johann Gottfried Herder** und **Johann Heinrich Merck** (1741–1791), „der verständig

---

32 Eckermann, S. 114 (26. Februar 1824).

Herders Einwand

und wohlwollend darüber sprach" (BA 13, 613). Herder hatte zur ersten Fassung des Stückes angemerkt, dass vieles im Sinne Shakespeares „gedacht" (BA 7, 837) sei; ähnlich stand es auch in seinem Brief an seine spätere Frau Karoline Flachsland („obgleich hin und wieder es auch nur gedacht ist"[33]). Gemeint war, dass das historische Geschehen noch nicht den Verlauf bestimme. Goethe bestätigte: „Es ist alles nur gedacht. Das ärgert mich genug. *Emilia Galotti* [1772 veröffentlicht; R. B.] ist auch nur gedacht, und nicht einmal Zufall oder Caprice [etwa: Eigensinniges, Besonderes, R. B.] spinnen irgend drein"[34].

Der Weg zur Neufassung von 1773

Goethe stimmt Herders Kritik zu

Herders Kritik war, entgegen Goethes Erinnerungen in seiner Autobiografie *Dichtung und Wahrheit* (BA 13, 613 f.), sachlich und hilfreich. Goethe erkannte die Kritik und nahm sie „gleich in ihrer ganzen Stärke" an: Das Stück „muss eingeschmolzen, von Schlacken gereinigt, mit neuem edlerem Stoff versetzt und umgegossen werden"[35]. Herder empfahl das Manuskript trotz seiner Einwände wohlwollend an Goethes Freunde. Karoline Flachsland (1750–1809) schrieb er im Juli 1772:

> „Ich schicke nächstens Goethens ‚Berlichingen' zurück; da wird er ihn wohl Mercken schicken, und denn werden auch Sie einige himmlische Freudenstunden haben, wenn Sie ihn lesen. Es ist ungemein viel deutsche Stärke, Tiefe und Wahrheit drin (...)."[36]

---

33 Blumenthal, S. 35.
34 Hartung, S. 86.
35 Ebd.
36 Bode, Bd. 1, S. 30.

Für Herder hatte Goethe ein historisches Stück mit einem repräsentativen nationalen Anspruch in der Manier Shakespeares geschrieben. Veröffentlicht wurde der *Urgötz* erst aus dem Nachlass 1832.

Romantisches Spiel einer Rittertafel

Goethes **Aufenthalt im Reichskammergericht in Wetzlar** (Mai–September 1772) blieb nicht ohne Folgen: Dort zelebrierten junge Richter zu ihrer Unterhaltung ritterliches Leben, „eine romantische Fiktion",: „(...) beinah sämtliche Gesandtschaftsuntergeordnete (...) stellten nämlich mit Geist und Munterkeit eine Rittertafel vor" (BA 13, 572), die ihm den Namen „Götz von Berlichingen, der Redliche" gab. In seinem *Götz von Berlichingen* erinnert Goethe an diese Rittertradition: Adelheid, die mit dem überholten Ritterwesen nichts im Sinn hat, ironisiert Weislingens Berufung auf die „Ritterpflicht": „Erzählt das Mädchen die den Teuerdank lesen, und sich so einen Mann wünschen." (R 47,11 f./HL 36,20 f.) Der *Theuerdank* (1517 gedruckt) ist ein von Maximilian I. angeregtes allegorischer Rittergedicht (vgl. S. 94 der Erläuterung). Das Volksbuch von den *Vier Haimonskindern*, das aus dem Umkreis der Ritterromane stammt, beschäftigte Goethe in der Entstehungszeit des *Götz* (BA 13,573 f.). Gleichzeitig fiel er Freunden wie Kestner in Wetzlar als eifriger Bekenner der Lehren Jean-Jacques Rousseaus auf, dessen Briefroman *La Nouvelle Héloise* (1761) er in dieser Zeit las, von dem er Vorstellungen über die individuelle Freiheit des Menschen und seine Lösung aus allen Zwängen in Anspruch nahm.

Rousseaus Einfluss

Die Neufassung von 1773

Herders Bemerkungen nahm Goethe zum Anlass, um ein zweites, „ein ganz erneutes Stück" (BA 13, 615) zu schreiben: *Götz von Berlichingen mit der eisernen Hand. Ein Schauspiel*. Die **Überarbeitung** entstand vom Januar bis zum März 1773. Goethe wollte es zunächst nicht veröffentlichen, aber Merck drängte: „Beizeit auf die Zäun', so trocknen die Windeln!" (BA 13, 615) und soll gemeint haben: „‚Lass das Zeug drucken!' (...) ‚es taugt zwar nichts, aber

„Beizeit auf die Zäun', so trocknen die Windeln!"

lass es nur drucken!'"[37] Merck übernahm die Druckkosten, Goethe beschaffte das Papier. Das Schauspiel erschien **Mitte Juni 1773 anonym im Selbstverlag**, 1774 die zweite Auflage in Frankfurt am Main, auf die spätere Drucke zurückgehen.[38] Die Unterschiede waren beträchtlich: Dramaturgisch betrafen die Änderungen vor allem den ersten und den fünften Akt.[39] Am 16. September 1773 gaben die *Neuen hallischen Gelehrten Zeitungen* das Geheimnis preis. Man nannte „Herrn Göthe" zu Frankfurt am Main als Verfasser.[40]

Aufdeckung der Urheberschaft Goethes

Die Uraufführung 1774

Die Uraufführung fand am 12. April 1774 in Berlin durch die Theatertruppe von Heinrich Gottfried Koch statt. Um dem Publikum entgegenzukommen, wurde ein Zigeunerballett eingefügt. Das Schauspiel wurde fünf Mal hintereinander mit großem Erfolg aufgeführt. Am 24. Oktober 1774 folgte eine Inszenierung durch die ackermannsche Truppe in Hamburg, die weit weniger erfolgreich war. Bereits in der zweiten Vorstellung nahm die Zahl der Zuschauer ab. (Goethe hat sein Stück 1804, 1806, 1809 und 1819 umgearbeitet, immer im Bewusstsein, künstlerische Schwächen zu beseitigen.)

Goethes Quellen

Mühsame Suche nach historischen Stoffen

Der von Goethe gewählte Stoff, nach dem er lange gesucht hatte, war spannend, voller kämpferischer Ereignisse und entsprach der Sehnsucht der deutschen Leser nach einer Würdigung ihrer Vergangenheit. Goethes Griff zum Götz-von-Berlichingen-Stoff war ein Glücksfall. Mühsam nahmen sich im 17. und 18. Jahrhundert die Dichter historischer Stoffe an. Das lag an der deutschen Geschichte

---

37 Eckermann, S. 146 (24. November 1824).
38 Vgl. Eibl u. a.: *Der junge Goethe*, Bd. 1, S. 741.
39 Vgl. die tabellarische Übersicht in: Ebd., S. 741 ff. Eine Synopse der beiden Fassungen befindet sich auf der CD.
40 Vgl. Oscar Fambach: *Goethe und seine Kritiker*. Düsseldorf: Verlag L. Ehlermann, 1953, S. 436 f.

selbst, sagte Goethe zu Eckermann: „(…) unsere Urgeschichte liegt zu sehr im Dunkel, und die spätere hat aus Mangel eines einzigen Regentenhauses kein allgemeines nationales Interesse“[41]. Versuche wie Johann Elias Schlegels *Hermann*[42] (1743), Klopstocks *Hermanns Schlacht* (1769)[43] und andere blieben ohne Wirkung. Schlegels Stück hatte Goethe jedoch inspiriert, nach historischen Stoffen mit patriotischen Ansprüchen zu suchen. Goethe hatte Erfolg: „Ich tat einen glücklichen Griff mit meinem *Götz von Berlichingen*, das war doch Bein von meinem Bein und Fleisch von meinem Fleisch, und es war schon etwas damit zu machen.“[44] Der Roman *Usong* des Schweizers Albrecht von Haller gab der ersten Fassung das Motto: „Das Unglück ist geschehen, das Herz des Volkes ist in den Kot getreten und keiner edeln Bewegung mehr fähig.“[45]

„Fleisch von meinem Fleisch“

Auch andere literarische Vorbilder wie Ariosts *Rasender Roland* (BA 7, 46) waren für die erste Fassung anregend. Die wichtigste Quelle war, wie bereits erwähnt, **Götz‘ Autobiografie**, die 1731 in Nürnberg erschienen war. Zahlreiche Stellen dieser *Lebens-Beschreibung Herrn Gözens von Berlichingen, Zugenannt mit der Eisern Hand …*[46] wurden von Goethe wörtlich übernommen:

---

41 Eckermann, S. 228 (16. Februar 1826).

42 Schlegels Stück erschien 1743 in Gottscheds Dramensammlung *Die Deutsche Schaubühne*, Band 4, Leipzig. Am 6. Oktober 1766 wurde das neue Leipziger Theater mit diesem Stück eröffnet, das „ungeachtet aller Tierhäute und anderer animalischen Attribute, sehr trocken ablief“, so der Zuschauer Goethe in einer Vorarbeit zu *Dichtung und Wahrheit* (BA 16, 391).

43 Klopstock erweiterte sein vaterländisches „Bardiet für die Schaubühne“ 1784 mit *Hermann und die Fürsten* und 1787 mit *Hermanns Tod* zur Trilogie.

44 Eckermann, S. 228 (16. Februar 1826).

45 Tatsächlich lautete das Zitat: „Aber das Übel ist geschehen, das Herz des Volkes ist in den Kot getreten und keiner edlen Begierden mehr fähig.“

46 *Lebens-Beschreibung Herrn Gözens von Berlichingen*. Nach der Ausgabe von 1731 hrsg. von Albert Leitzmann. Halle (Saale) 1916.

GÖTZENS LEBENS-BESCHREIBUNG:	AUS DER ANMERKUNG VON PISTORIUS:	GOETHES STÜCK:
Indem aber erfuhr ich, dass er der Bischof von Bamberg gen Göppingen in Sauerbronnen ins Wildbad geritten war, und wolt baden für den reißenden Stein, so hett ich es gut im Sinn, ich wolt ihm das Bad gesegnet und ihn ausgerieben haben.	Reiben, ausreiben, fricare, frotter ist hier metaphoricè zu verstehen, und will so viel sagen, dass er gemacht haben wolte, dass ihm die Bad-Cur übel bekommen hätte.[47]	Sievers: (...) alles war aufs Genauste verkundschaft, wann der Bischof aus dem Bad käm, mit wie viel Reutern, welchen Weg; und wenn's nicht wär durch falsche Leut verraten worden, wollt' er ihm das Bad gesegnet und ihn ausgerieben haben (R 6,4 ff./HL 3, 31 ff.)

Goethe benutzte auch die *Chronica* (1531) Sebastian Francks, um einen Kometen zu beschreiben, der 1527 zu sehen war und als gefährlicher, bei Franck sogar: grausamer Komet erschien:

SEBASTIAN FRANCKS CHRONICA:	GOETHES STÜCK:
... Blutfarb oder gleich gelbrot. Sein häupt oder anfang ist gewesen ein gebogner Arm, der hett in seiner Hand ein überaus groß Schwert, in maß als wolt sie jetzund dreyn schlagen, gezuckt. An dieses Schwerts spitzen von seiten drey fast grosse Sternen, die an den spitzen am grösten erschienen. Von diesen Sternen thet sich ein breiter Wolckenfarben striemeter Schwantz, welcher in der lenge das ander alles übertraff.[48]	**Metzler:** Wie ein gebogner Arm mit einem Schwert sieht er aus, so blutgelbrot. **Link:** Hast du die drei Stern gesehen an des Schwerts Spitze und Seite? **Metzler:** Und der breite wolkenfärbige Streif, mit tausend und tausend Striemen wie Spieß', und dazwischen wie kleine Schwerter. (R 100,12 ff./HL 80,37 ff.)

47 Vgl. die Auszüge aus *Lebens-Beschreibung* und Anmerkungen: Neuhaus, S. 91.
48 Zit. nach Düntzer bei Neuhaus, S. 108. (Kursivierungen in der Vorlage aufgehoben.)

Ein Kupferstich als Vorbild für die Helfenstein-Szene: Die Frau des Grafen von Helfenstein bittet vor den Bauernführern für ihren Mann
© Wikipedia

Rechtshistorische Quellen

Andere Quellen waren **rechtshistorische Werke**, über die Goethe in seiner Autobiografie *Dichtung und Wahrheit* Auskunft gab. Johann Philipp Datts (1654–1722, Jurist in Esslingen und Stuttgart) *De pace publica (Neues Werk über die deutschen Verhältnisse oder Die 5 Bücher über den allgemeinen Frieden des Reiches)* (1698) widmete er „alle Aufmerksamkeit" (BA 13, 564) im Zusammenhang mit dem *Götz* und nahm die „seltsamen Einzelheiten" des Werkes auf. Dazu gehörte, dass deutsches Recht „den aufgereizten ritterlichen Fehdegeist" nicht beruhigen konnte. Das schlug sich zum Beispiel in der Beschreibung des „heimlichen Gerichts“ (R 115,2/HL 92,18) nieder. Auf den Einfluss von Justus Mösers berühmter Schrift *Von dem Faustrecht* wurde bereits hingewiesen (vgl. S. 24 f. dieser Erläuterung).

Anregung für Helfenstein-Szene

Auch ein **Kupferstich von 1633** gehört zu den Quellen[49]: Die Frau des Grafen von Helfenstein, eine Tochter Kaiser Maximilians I., wirft sich Bauernführern zu Füßen und bittet für ihren Mann. Daraus entstand die so genannte Helfenstein-Szene, sie findet sich aber nur im *Urgötz*: „Nacht. Eine halbverfallne Kapelle auf einem Friedhof“ (BA 7, 114 ff.). Im *Götz* von 1773 steht eine kurze Zusammenfassung der Szene, die Helfensteins Tod beschreibt (R 99,5 ff./HL 79,27 ff.) und eine Bemerkung, die auf sie verweist. Götz rügt den Bauernführer Metzler: „Du Nichtswürdiger. Glaubst du(,) dass du mir fürchterlicher bist(,) weil des Grafen von Helfenstein Blut an deinen Kleidern klebt?“ (R 106,8 ff./HL 85,25 ff.)

49 Vgl. Neuhaus, S. 106 f. (mit Kupferstich).

3.2 Inhaltsangabe

ZUSAMMEN-FASSUNG

Götz von Berlichingen hat seinen ehemaligen Freund Weislingen, inzwischen ein Vertrauter des Bischofs, gefangen genommen, weil der Bischof von Bamberg einen seiner Knappen inhaftiert hat: Fürstliche Macht befehdet freies Rittertum. Weislingen entscheidet sich wieder für Götz und verlobt sich mit dessen Schwester, kehrt jedoch, von einem Höfling zu der verführerischen Adelheid gelockt, an den Bamberger Hof zurück und intrigiert gegen Götz. Der Ritter rächt sich dafür durch Überfälle und wird zur Strafe mit der Reichsacht belegt. Vor ein Gericht gestellt, befreit ihn Sickingen. Der Kaiser schätzt die Geradlinigkeit Götzens, der sich aber – entgegen seiner Zusage, auf seinem Schloss in ritterlicher Haft zu bleiben – kurzzeitig den aufständischen Bauern anschließt, um ihnen zu ihrem Recht zu verhelfen. Götz wird von Weislingens Truppen gefangen genommen. Weislingen wird ermordet. Die Anstifterin Adelheid, der Weislingen und andere verfallen waren, findet ihr Ende durch ein Femeurteil. Götz stirbt in Gefangenschaft.

Erster Akt

Im Gespräch unter Bauern werden die Konflikte (unabhängiger Ritter gegen Territorialgewalt, Faustrecht gegen staaliches Recht) und die Charaktere der daran Beteiligten (der ehrliche Ritter und der lauernde Höfling) eingeführt. Götz bringt Weislingen als Gefangenen auf seine Burg. Der Bischof von Bamberg erklärt seine Feindschaft gegen die freien Ritter; Weislingen verlobt sich mit Maria, Götzens Schwester.

Aber sein Diener Franz kann ihn für die schöne Adelheid einnehmen und nach Bamberg zurückbringen.

Ritter versus Bischof

In einer Herberge in Franken streiten Bauern und Bambergische Reiter miteinander. Zwischen dem Ritter Götz von Berlichingen und dem Bischof von Bamberg bestehen Spannungen. Es wird über Weislingen, die „rechte Hand" (R 5,18/HL 3, 13) des Bischofs, und den Kampf Götz' gegen Territorialfürsten und höfischen Adel gesprochen. – Götz wartet in einer „Herberge im Wald" (R 7,24/HL 5,6) auf seine Knechte. Weil der Bischof grundlos einen Knappen Götz' gefangen genommen hat, will Götz im Gegenzug Weislingen, den einstigen Freund und jetzigen Verbündeten des Bischofs, entführen, nachdem der Bischof entkommen konnte. Beide waren freie unabhängige Ritter, aber aus Weislingen ist inzwischen durch das „unglückliche Hofleben" und „das Schlenzen und Scharwenzen mit den Weibern" (R 22,28 f./HL 17,1 f.) ein Höfling geworden, der aber politisch von großem Einfluss ist. Georg, ein junger Begleiter („Bube") Götz', will bei dieser Gefangennahme mitwirken, muss aber, weil unbewaffnet, darauf verzichten. Ein Mönch, Bruder Martin, trifft auf Götz – er trägt Züge Martin Luthers – und erklärt menschliche Tugenden, Tätigsein und Tapferkeit für unvereinbar mit dem mönchischen Stand, den er für „beschwerlich" (R 11,14/HL 8,4) hält. Martin bewundert die Anerkennung des Ritters bei den Armen und erkennt Götz an seiner eisernen Hand. Götz bricht zum Überfall auf Weislingen auf.

Überfall auf Weislingen

Auf Götz' Burg Jagsthausen warten seine Ehefrau Elisabeth, seine Schwester Maria und sein Sohn Carl. Der gefangene und verbitterte Weislingen wird von Götz als „Werkzeug" (R 25,8/HL 18, 40) des Bischofs kritisiert. – In Bamberg hält der juristisch interessierte Bischof Hof. Bei Hofe herrschen, wie das Gespräch des Abtes mit dem Frankfurter Juristen Olearius zeigt, Oberflächlichkeit

Die Sorgen des Bischofs

und Überheblichkeit. Den Bischof beunruhigt, dass das Reich trotz des verkündeten Landfriedens „eine Mördergrube" sei und „von übermütigen und kühnen Rittern verheeret" werde (R 29,24 ff./HL 22,19 ff.): von Sickingen, Selbitz und Berlichingen. Schockiert wird der Bischof durch die Nachricht, dass Weislingen gefangen worden ist.

Weislingen verlobt sich auf Jagsthausen mit Maria, Götz' Schwester. Götz und Elisabeth segnen das Paar. Damit scheint Weislingens Lösung vom Hof, sein Rückzug als selbstständiger Ritter auf sein Schloss gewährleistet. Aber Weislingens Diener Franz bringt Grüße aus Bamberg und beeindruckt Weislingen mit dem Bericht von der Schönheit der Adelheid von Walldorf. Auf Weislingens Frage „Ist ihr Mann bei Hofe?" (R 37,14/HL 28,17) hin kann Franz ihn beruhigen, sie sei „schon vier Monat Witwe" (R 37,15/28,18).

Weislingen verlobt sich mit Götzens Schwester

Zweiter Akt

In Bamberg vergnügt sich Adelheid am Hofe des Bischofs; sie soll als Lockmittel für Weislingen dienen. Götz hat Nürnberg die Fehde erklärt und erfährt, dass Weislingen entgegen seiner Ankündigung an den Hof nach Bamberg zurückgekehrt ist. Weislingen will sich für die Güter Adelheids einsetzen. Götz sieht sich in seiner Rechtsauffassung bestätigt.

In Bamberg spielt der Bischof gegen Adelheid von Walldorf Schach, was zu einer Absage des Bischofs an das gefährliche Spiel führt. Er verböte es „am Hof und im ganzen Land" (R 38,32/HL 29,30). Liebetraut, Vertrauter des Bischofs, soll Weislingen an den Hof zurückholen. – Götz hat Nürnberg Fehde angekündigt, weil sie den Bamberger unterstützen, und Selbitz steht ihm bei. – Weislingen kommt an den Bamberger Hof, nachdem ihn Liebetraut wie „Schnepfen" (R 43,4/HL 33,5) gefangen hat. – Götz erfährt von Selbitz, dass

Götzens Fehde gegen Nürnberg

Weislingen wieder bei Hofe ist. Georg wird als Bamberger Reiter eingekleidet, um in Bamberg Erkundigungen über ihn einzuziehn. – Weislingen wird von Adelheid fasziniert. Sie tröstet ihn: Er habe sein Ritterwort einem „Feind des Reichs“ (R 47,23 f./HL 36, 32) gegeben. Weislingen entschließt sich, auch zur Freude seines ebenfalls in Adelheid verliebten Dieners Franz, in Bamberg zu bleiben. – Georg berichtet Götz, dass man in Bamberg von einer Heirat Weislingens mit Adelheid spreche. Götz gibt Weislingen auf. – Adelheid bestärkt Weislingen, beim Kaiser vorstellig zu werden und auf dem Reichstag „unsere Projekte zur Reife“ zu bringen (R 53,28 f./HL 41,29). Sie will ihre Ländereien und Güter zurückerhalten. Weislingen, der ihr nun verfallen und zum „Du“ gewechselt ist (R 53,10/HL 41,11), will ihre „Güter von übermütigen Feinden“ befreien und die „unruhige(n) Köpfe in Schwaben aufs Küssen [d. i. Kissen, R. B.]“ bringen (R 54,10 ff./HL 42,3 f.), also hinrichten. – Götz und Selbitz erfahren bei einer Bauernhochzeit von einem „Zwist“ über Güter und Besitz, der sich gerichtlich hinzog. „Ruh und Fried“ (R 54,28/HL 42,16) wurden wieder hergestellt durch Hochzeit und Versöhnung, die Bauern kamen ohne Gericht überein und sicherten den Besitz. Götz sieht seine Rechtsauffassung, sich das Recht selbst zu besorgen, bestätigt und zieht gegen die Nürnberger.

Weislingen schließt sich wieder dem Bischof an

Weislingen verfällt Adelhaid

Dritter Akt

In Augsburg nimmt der Kaiser Klagen über Götz entgegen. Sickingen wirbt um Maria. Der Kampf zwischen der Reichsexekution und Götz beginnt, nimmt einen unterschiedlichen Verlauf – inzwischen heiraten Sickingen und Maria – und sieht Götz schließlich als Besiegten aus seiner Burg abziehen.

Strafzug gegen Götz

Weislingen gewinnt den Kaiser, nachdem sich ausgeraubte Kaufleute über Götz beklagt haben, für einen Strafzug gegen Götz. Der

Kaiser möchte Götz und Selbitz, die er schätzt, schonen und „Urfehde schwören" (R 59,18/HL 46,39) lassen. – Franz von Sickingen wirbt bei Götz um die von Weislingen verlassene Maria. – Die Reichsexekution soll Götz gefangen nehmen. Der, in die Reichsacht erklärt (vom Kaiser verhängte Ächtung), sammelt seine Truppen, die Sickingen verstärken will. Franz berichtet Adelheid von den Exekutionen (Strafaktionen), deren eine Weislingen anführt. Lerse, ein ehemaliger Gegner Götz', den der wegen seines Mutes nicht vergessen hat, stößt zu ihm. Schnell wechseln kurze Szenen des Kampfes zwischen Götz und den Reichstruppen. Trotz Götz' Sieg nach schwierigem Kampf wird seine Situation aussichtslos. Sickingen und Maria, die geheiratet haben, verlassen rechtzeitig die vor der Belagerung stehende Burg, Götz weiß um seine drohende Niederlage. Als er sich ergeben soll, weist er die Forderung mit dem weltberühmten Zitat zurück. Lerse gießt auf der Burg Kugeln aus den Bleifassungen der Fenster. Im Angesicht der größten Gefahr versammelt Götz Familie und Knechte „bei Tisch" (R 79,22/HL 63, 7), eine weltliche Abendmahlszene. Götz nutzt seine patriarchalische Stellung, um einen Entwurf von Frieden und Glück für die Menschheit zu verkünden. Er entwirft sein Ideal für „die allgemeine Glückseligkeit" (R 81,28/HL 64,39). Dabei vergessen die am Mahl Beteiligten, „dass wir eingesperrt sind" (R 81,30/HL 64,41). – Götz nimmt den freien Abzug an.

Kampf gegen die Reichstruppen

Freier Abzug für Götzen

Vierter Akt

Götz' Mitstreiter sind tot oder gefangen; er selbst muss den kaiserlichen Räten Rede und Antwort stehen. Diese versuchen ihn zu betrügen; Sickingen befreit Götz. Den erreicht die Nachricht vom Bauernkrieg.

Elisabeth berichtet Götz von Tod oder Gefangenschaft seiner Getreuen und warnt ihn vor den kaiserlichen Räten, die ihn nach Heil-

Götz rechtfertigt sich und wird befreit

bronn bestellt haben. Männer „mit geübten Fäusten“ (R 85,23/HL 68,11) sollen ihn überwältigen, wenn er sich weigert, vorbereitete Papiere zur Urfehde zu unterschreiben. Götz treibt die Bürger zurück. Sickingen mit seinen Reitern befreit ihn und will Götz für sein Vorhaben einer Adelsdemokratie gegen die Kurfürsten gewinnen und selbst Kurfürst werden. Götz aber ist des Kampfes müde. – Weislingen zürnt vor Adelheid über Sickingens Erfolg, durch den Götz auf sein Schloss zurückkehren darf; aber er hofft, dass Götz sich dort nicht ruhig verhalten wird. Der Kaiser billigt jedoch nachträglich Sickingens Vorgehen. Weislingen ist zudem verunsichert, weil Karl, der Thronfolger und spätere Kaiser Karl V., Adelheid, die Weislingen inzwischen geheiratet hat, „ungewöhnliche Aufmerksamkeit“ schenkt (R 93,22 f./HL 74,32 f.). Adelheid verspricht Franz ihre Liebe und macht ihn hörig. – Götz schreibt, gelangweilt in ritterlicher Haft auf Jagsthausen, an seinen Memoiren. Georg bringt die Nachricht von einem „fürchterliche(n) Komet(en)“ (R 97,6/HL 77,29), der den Tod des Kaisers bedeute; Lerse die Mitteilung vom Ausbruch des Bauernkrieges.

Weislingen wittert einen Nebenbuhler

Fünfter Akt

Der Bauernkrieg tobt, Götz wird für vier Wochen Hauptmann der Aufständischen. Weislingen schickt Adelheid in Sicherheit. Die Bauern unterliegen, Götz gerät in Gefangenschaft. Maria bittet bei Weislingen um ihn, doch Weislingen liegt im Sterben nach einem Mordanschlag, den Adelheid angezettelt hat. Sie wird vom Femegericht deshalb zum Tode verurteilt. Götz stirbt in Gefangenschaft.

Götz wird Hauptmann der aufständischen Bauern

Während Dorfeinwohner auf der Flucht sind, brüsten sich die Bauernführer mit ihren Untaten, darunter der Ermordung Helfensteins. Der Bauernhaufen will Götz zu seinem Hauptmann machen. Der will sie vier Wochen lang führen und ihnen zu ihren Rechten verhelfen, wenn die Bauern auf „Übeltaten" (R 101,30/HL 82,3) verzichten. Damit bricht Götz aber sein „ritterlich Wort" (R 93,10/HL 74,19), auf seiner Burg zu bleiben, und gibt Weislingen Gelegenheit, ihn anzugreifen. – Der Bauernführer Metzler ist gegen den Vertrag mit Götz. Weislingen, der die Bauern bekämpft, fordert Adelheid auf, sich in dieser Zeit auf sein Schloss in Sicherheit zu begeben. Elisabeth ist verzweifelt, dass Götz den Bann gebrochen und sich an die Spitze der Bauern gestellt hat. Die Bauern brechen ihren Vertrag mit Götz und zünden Miltenberg an (In Götz' *Lebens-Beschreibung* ist es das Schloss Willenberg des Bischofs von Mainz.).

Die Bauern brechen den Vertrag

Götz wird vor den Bauern gewarnt. Das Bauernheer wird geschlagen; Weislingen ist auf Götz' Spuren. Der rettet sich zu Zigeunern, wird aber gefangen genommen. Adelheid beauftragt Franz, inzwischen ihr Geliebter (R 110,33 f./HL 89,13), Weislingen zu töten. Götz ist Gefangener in Heilbronn, der Kaiser gestorben. Weislingen ist Kommissar und Elisabeth hofft auf ihn. Maria, die ihn noch liebt, erwirkt bei ihm Rettung für Götz. Weislingen zerreißt Götz' Todesurteil, Franz gesteht seinen Mordanschlag und stürzt sich in den Main. Maria spendet dem sterbenden Weislingen letzten Trost. Ein „heimliches Gericht" in „einem finstern engen Gewölbe" (R115,1 f./HL 92,18) verurteilt Adelheid zum Tod durch Strang und Schwert. Götz liegt im Turm zu Heilbronn im Sterben, als Maria und Lerse bei ihm und Elisabeth eintreffen. Götz warnt, ehe er stirbt, Deutschland gehe einer schlimmen Zeit entgegen: „Es kommen die Zeiten des Betrugs" (R 119,6 f./HL 95,36 f.). Elisabeth ergänzt: Freiheit sei nur droben, „die Welt ist ein Gefängnis" (R 119,14 f./HL 96,1 f.).[50]

Götz liegt im Sterben

50 Es ist ein Zitat aus Shakespeares *Hamlet* (2. Akt, 2. Szene).

3.3 Aufbau

ZUSAMMEN-FASSUNG

- → Goethes Stück zeichnet sich durch zahlreiche Abweichungen von der klassizistischen Tradition aus.
- → Zuerst wurde Götz' *Lebens-Beschreibung* von Goethe nach Art einer Chronik in Szenen übertragen (*Urgötz*). Der Stoff wurde dann zu einem Stück in der Art der Historiendramen Shakespeares umgeschrieben, in dem jedoch zwei Handlungen nebeneinander ablaufen.
- → Vom Vorbild Shakespeare unterscheidet sich Goethes Stück durch die episierenden Züge eines Stationenstücks (Götz-Handlung) und Ansätze eines aristotelischen Verlaufs (Weislingen-Handlung). So ist auch der Tod der Gegenspieler trotz der gleichen Worte gegensätzlich.
- → Auf die Konfliktkonstellation von Faustrecht und römischem Recht hatte Möser Einfluss.

Dramaturgische Neuerungen nach dem Vorbild Shakespeare

Abweichung von der Tradition

Gottscheds gereimte Alexandriner-Tragödie *Sterbender Cato*, die am Beginn des modernen deutschen Dramas nach französischem Vorbild steht, stellte seit 1731 für fast 25 Jahre die Norm dar, ehe Lessing mit *Miss Sara Sampson* (1755) das erste bedeutende bürgerliche Trauerspiel schrieb. Aufbau und Technik des *Götz* sind auch ihm gegenüber neu. Die Szenen reihen sich in schnellem Wechsel aneinander, ohne Rücksicht auf die Dreieinheit von Ort, Zeit und Handlung zu nehmen. Das akademisierende Theater Gottscheds trat zurück. Lessings Bemühungen um ein neues deutsches Nationaltheater hatten die literarische Entsprechung gefunden, denn

Lessing war in seinen Stücken noch der alten Dreieinheit, wenn auch nicht konsequent, gefolgt.

Genaue, aber rasch wechselnde Ortsangaben

Statt Szenenangaben stehen bei Goethe in der Regel genaue Ortsangaben wie die zur ersten Szene „Schwarzenberg in Franken. Herberge" (R 5,1 f./HL 3,1). **Shakespeares Vorbild** folgend, wechseln die Orte von Szene zu Szene und können deshalb nicht für einen Akt oder das gesamte Stück, wie im antiken Theater, in der französischen Klassik und bei den Stücken Gottscheds, angegeben werden. Goethe folgte der **Natur**, wie er es von Herder gelernt hat, und zeigte Menschen in unterschiedlichen sozialen Verhältnisse. Ehre und Zuverlässigkeit sind nicht an den gesellschaftlichen Stand, sondern an den einzelnen Menschen gebunden. Die Gestalten repräsentieren soziale Typen und werden dadurch zum „Original" im Sinne des Sturm und Drang: Das betrifft Götz im positiven Sinn ebenso wie Weislingen im negativen, Marie ebenso wie Adelheid, oder, um auf der Ebene der Diener und Knappen zu bleiben, Lerse ebenso wie sein Gegenbild Franz. Götz ist zudem ein „mittlerer" Held, wie Lessing ihn beschrieben hatte: Er gehört nicht zu den Mächtigen, aber auch nicht zu den Unterdrückten, sondern hat Anteil an beiden Möglichkeiten. Originale wie Götz bewegen sich durch die sozialen Gliederungen ihrer Zeit.

Götz als „mittlerer" Held

„Originale"

„Offene" Form

Goethes *Götz von Berlichingen* ist ein Beispiel für die sogenannte „offene Form" des Dramas, wie sie von Shakespeare hergeleitet wurde. Sie steht im Gegensatz zum geschlossenen Drama der Klassizisten, dessen Kennzeichen vor allem die Einheit der Zeit, des Ortes und der Handlung war (s. u.). Für die **Handlung um Götz** zog Goethe zeitlich unterschiedliche Ereignisse zusammen: den Tod Maximilians I. am 12. Januar 1519, den Tod Sickingens am 7. Mai 1523, den Bauernkrieg 1525, den Kometen von 1527 und den Tod Götzens 1562. Damit stellte er den Tod eines Selbsthelfers in nachvollziehbaren historischen Verhältnissen aus. Die Handlung

Freier Umgang mit Historie

Weitere Ähnlichkeiten mit Shakespeare

Ein später Trennungsversuch

des Stücks vollzieht sich an vielen Handlungsorten, in Zeitverschiebungen und mit unterschiedlichen Ausschnitten aus sozial verschiedenen Gruppen, die oft nichts miteinander zu tun haben. Die Nähe zu Shakespeare geht bis in die Handlungsführung. Hinzu kommen Zitatanleihen: Der 3. Akt des *Götz* ähnelt strukturell dem 1. Akt von Shakespeares *Macbeth*. So wie hier die Hexen begegnen sich dort fliehende Reichsknechte und sprechen in ähnlichen Fragen und Antworten. So wie dort wechseln bei Goethe die Szenen schnell während der Schlacht. Auch die Szene „Nacht, im wilden Wald. Zigeunerlager" (R 107,1/HL 86,5) im 5. Akt hat in den Wechselreden (Stichomythie) des Dialoges Ähnlichkeiten mit der ersten Szene von *Macbeth*. Aber das Stück weist nicht nur die „offene Form" auf, in ihm befinden sich **zwei Stücke** (s. u.). Da sie zudem dramaturgisch unterschiedlich angelegt sind, ergänzen sie sich und befördern gegenseitig den Verlauf des Gesamtstückes. Goethe versuchte später immer wieder, die beiden Stücke voneinander zu trennen. Am konsequentesten geschah das 1809. Es entstand eine zweiteilige Fassung *Adelbert von Weislingen. ‚Götz von Berlichingens' erster Teil* und *Götz von Berlichingen mit der eisernen Hand. Zweiter Teil des Götz von Berlichingen* (vgl. Kap. 3.1 dieser Erläuterung).

Chronik und epische Struktur

Episierende Elemente

Die **erste Fassung** von 1771 war eine Dramatisierung der *Lebens-Beschreibung* Götz von Berlichingens und erinnert an eine **Chronik**. Ursprünglich war es eine „Geschichte"; von daher rühren die episierenden (erzählenden) Elemente, die den Historien Shakespeares ähneln, und die Stationenhäufung. Die Aufteilung in fünf Aufzüge im *Urgötz* wurde nachträglich in die Handschrift eingefügt (BA 7, 840). Die **zweite Fassung** von 1773 wurde zu einem wegen seines Umfangs schwer spielbaren Drama. Es wurde eine dramaturgische Struktur ausgearbeitet, die alle Szenen in einen logischen Zusammenhang bringt und die Handlung zwingend organisiert, an die Tradition Shakespeares erinnernd.[51] Die Einteilung in Aufzüge im *Götz von Berlichingen* (1773) in fünf Akte hat allerdings kaum etwas mit dem klassisch-aristotelischen Drama zu tun: Sie bedient die dem Publikum anerzogene Erwartungshaltung, die durch die Akteinteilung scheinbar befriedigt, in der Durchführung aber nicht eingehalten wird.

Nur vordergründig aristotelischer Aufbau

Die zwei Haupthandlungen

Tatsächlich finden sich **zwei unterschiedlich strukturierte Handlungen** in dem Stück: In der zweiten Fassung traten Zitate aus der *Lebens-Beschreibung* zurück, literarische Vorlagen wie Ariosts *Rasender Roland* (BA 7, 46) verschwanden, auf die leidenschaftliche Beziehung zwischen Adelheid und Sickingen, die Franz' Eifersucht auslöste, wurde verzichtet. Die Rollen Adelheids und Weislingens wurden verändert, so dass Weislingen in späteren Bearbeitungen ein eigenes erstes Stück innerhalb eines *Götz-von-Berlichingen*-Doppelstückes bekam. Motivierungen wurden verstärkt, sprachliche Zuspitzungen vermieden. Dennoch blieb auch die zweite Fassung eher ein Text für Leser, nicht für Zuschauer; sie war episch und dramatisch zugleich. Hettner beschrieb das Stück so:

Ein Lesestück

> „Wir wissen jetzt alle, dass die Auffassung ungeschichtlich, die Komposition durchaus undramatisch ist. Weil der Dichter in dem Verfall des mittelalterlichen Feudalwesens nicht den Sieg einer neuen wohlberechtigten Ordnung, sondern nur den Verfall fri-

---

51 Dass die dramatische Handlung „oft auf fließende Übergänge oder direkte Zusammenhänge" verzichte (Ellenrieder, S. 5), ist falsch, ebenso die Aussage, es sei „wenig Gedachtes" in „dieser verworrenen Geschichte", die wenig mit Shakespeare zu tun habe (Boyle, S. 142).

VERLAUF DER BEIDEN HAUPTHANDLUNGEN

Götz' Wirken:

wird in Stationen beschrieben, die an Fehden (Kämpfe) gebunden sind und sich vor einem historischen Hintergrund abspielen. Es entsteht eine Frühform des Stationenstücks:

Offenes Drama (Vorbild Shakespeare)

5. Akt: Station

Götz wird auf vier Wochen Hauptmann der Bauern. Sein Haufen wird geschlagen, er bei Zigeunern gepflegt. Dort wird er gefangen und im Turm eingekerkert. Er stirbt in Anwesenheit der Seinen.

↑

4. Akt: Station

Götz ist besiegt und wird von kaiserlichen Räten verhört. Als Verhaftung droht, wird er im Handstreich (Fehde) befreit. Götz hat Todesahnungen, ist aber am Bauernaufstand interessiert.

↑

3. Akt: Station

Gegen Götz ist die Reichs-Exekution ausgeschickt. Fehde folgt Fehde. Nach anfänglichen Siegen kommt er in Bedrängnis und wird belagert. Unbeeindruckt von seiner Situation spricht er in hoher Not sein berühmtes Zitat.

↑

2. Akt: Station

Götz plant weitere Fehdezüge, diesmal gegen die Nürnberger und Kaufleute, die zur Messe ziehen.
Götz fühlt sich und Marie von Weislingen betrogen.
Selbitz beschreibt ihre Fehden als die von „Räubern".

↑

1. Akt: Gemeinsame Exposition

Götz ist ein freier Reichsritter, der Weislingen, rechte Hand des Bischofs, gefangen nimmt. Wer von Götz spricht, kennt seine Fehden *(Stationen)*. Götz vertritt das Recht auf seine individuelle Freiheit. Er überzeugt Weislingen von seiner Haltung.

Weislingens Wirken:

wird in einer steigenden und fallenden dramatischen Handlung beschrieben, die durch Verhandlungen (Politik), eine erotische Beziehung und Intrigen Adelheids bestimmt wird. Es entsteht ein Sensationsstück:

Geschlossenes Drama (Vorbild Racine*)

1. Akt: Gemeinsame Exposition

Weislingen vertritt die feudale fürstliche Macht. Weislingens Fürsten wollen zuerst sich selbst, dann erst dem Reich dienen. Weislingen wirbt um Götz' Schwester Marie *(erregendes Moment)*.

↗

2. Akt: Steigende Handlung

Weislingen wird abtrünnig und verliebt sich in Adelheid, eine Vertraute des Bischofs, dem er weiterhin dient.
Adelheid setzt Weislingen für ihre Ziele ein.
Weislingen will den Kaiser für seine und Adelheids Interessen gewinnen.

↗

3. Akt: Höhepunkt und Umschlag

Weislingen übernimmt die Initiative und agiert gegen die Reichsritter: Sein Gespräch mit dem Kaiser eröffnet den Akt. Götz wird in die Reichsacht erklärt; es wird Exekution gegen ihn angeordnet. Weislingen steht auf dem Höhepunkt seiner Macht.

↘

4. Akt: Fallende Handlung

Weislingen erkennt, dass er nur ein Werkzeug für Adelheid ist: Ihr Streben richtet sich inzwischen auf den Thronfolger Karl. Weislingen droht Verrat. Sein Diener Franz soll ihn ermorden, dafür werden ihm Liebesdienste versprochen.

↘

5. Akt: Katastrophe

Weislingen zieht mit Soldaten gegen Götz und die Bauern. Er wird „Kommissar" der Bauernbestrafung. Sein Diener hat ihm aber schon in Adelheids Auftrag Gift gegeben. Vor seinem Tod zerreißt er aber Götz' Todesurteil, als Marie ihn darum bittet. Er wird „entsühnt", Adelheid vom Femegericht verurteilt.

*vgl. dazu S. 61 ff. dieser Erläuterung

scher und gesunder Naturkraft erblickt, fehlt der Quellpunkt alles dramatischen Lebens, die treibende Seele einheitlicher und in sich folgerichtiger Handlung, der Kampf naturnotwendiger Gegensätze, indessen Durchführung und Ausgang sich die siegende Kraft der sittlichen Vernunft betätigt. Der Schluss ist traurig, nicht tragisch, ist peinigend, nicht erhebend und versöhnend."[52]

Kombination aus offener und geschlossener Dramenform

Die Götz-Handlung

Mit den Strukturen des bekannten klassizistischen Theaters stützte Goethe seine wesentlichen shakespearisierenden Neuerungen: Die Weislingen-Handlung wurde wie ein aristotelisches Drama geführt. Bei der Götz-Handlung verwandte er die neue shakespearesierende Form der Handlung. Goethe schuf so eine Kombination aus offener und geschlossener Dramenform.

Stationenstück

Die *Lebens-Beschreibung* des Götz von Berlichingen tendierte zum Stationenstück, der offenen Dramenform, wie sie später bei Georg Büchner (*Woyzeck*) und vor allem August Strindberg zu finden ist. Die Figuren machten kaum eine Entwicklung durch, sondern ihr Lebensweg führte sie von Station zu Station, scheinbar Schicksalsmächten folgend. Götz ist zu Beginn von Goethes Stück ein ausgesprochener „Selbsthelfer" in der Gestalt eines Reichs- und Raubritters, der von Jagsthausen im Fränkischen aus seine Überfälle plant. Von einer Einheit des Ortes kann keine Rede mehr sein, doch hat *Götz* keine weitere Beziehung zu den Orten: Götz ist immer der „Selbsthelfer", der raubt und kämpft, verfolgt und gefangen wird, der seinem Untergang folgerichtig entgegengeht. So ist seine Situation zu Beginn des Stückes kaum eine andere als am Ende; eine Entwicklung vollzieht sich ebenso wenig wie eine Veränderung in

Götz bleibt Götz

---

52 Hettner, Bd. 2, S. 117.

seinem Denken. Nur die Qualität seines Unglücks verändert sich. Er beschreibt am Schluss seine Stationen treffend:

> „Unglück bin ich gewohnt zu dulden. Und jetzt ist's nicht Weislingen allein, nicht die Bauern allein, nicht der Tod des Kaisers und meine Wunden – Es ist alles zusammen. Meine Stunde ist kommen." (R 117,5 ff./HL 94,11 ff.)

Die Weislingen-Handlung

Weislingens Schicksal folgt klassischer Struktur

Im Gegensatz dazu geschieht bei Weislingen eine **Entwicklung**, es zeichnet sich eine **geschlossene Dramenform** ab. Sein Schicksal lässt sich in eine klassische Dramenstruktur fügen. In einer Exposition wird er als Repräsentant fürstlicher Macht vorgestellt, der von Götz verfolgt wird. Götz nimmt ihn gefangen, auf der Burg Jagsthausen verliebt sich Weislingen in Götzens Schwester Maria. Das ist dramaturgisch ein erregendes Moment, ist es doch die Schwester seines ehemaligen Freundes und jetzigen Feindes. Durch Adelheid entsteht in der Folge ein privater Konflikt für Weislingen, indem er sich zwischen Marie von Berlichingen und Adelheid von Walldorf entscheiden muss; hinter dem privaten steht der politische Konflikt zwischen Faustrecht und römischem Recht. Da Weislingen sich für Adelheid und gegen Götz entscheidet, entsteht neben der stationären Szenenfolge um Götz eine **aristotelische Dramaturgie um Weislingen**: Exposition, steigende Handlung, Höhepunkt und Umschlag, fallende Handlung und Katastrophe. Die aristotelisch geordnete Handlung um Weislingen begleitet die stationär verlaufende Handlung um Götz; beide ergänzen einander.

Gleicher Ausgangspunkt

Die beiden unterschiedlichen Arten des Aufbaus gehen vom gleichen Punkt aus und kommen beim gleichen Endpunkt an. Für beide Handlungen ist die gleiche Exposition vorhanden, die die Protagonisten Götz und Weislingen im Gespräch Dritter vorstellt, also durch

Beschreibung, nicht durch Handlung: Götz erscheint als rechtschaffen und treuherzig, seinem Recht vertrauend, Weislingen als sein Gegenspieler: „Des Bischofs rechte Hand, ein gewaltiger Herr, der dem Götz auch auf'n Dienst lauert“ (R 5,18 f./HL 3,13 f.).

Unterschiedliches Ende

Den Ausgangssituationen entsprechen die Lösungen: Beide sterben dramaturgisch unterschiedlich. Die beiden verwenden zwar vor ihrem Tod den gleichen Satz: „Meine Kraft sinkt nach dem Grabe.“ (Weislingen R 112,32/HL 90,32; Götz R 118,20/HL 95,15) Doch geht er auf gegensätzliche Vorgänge zurück. Götz stirbt ohne Fremdeinfluss; seine Frau beschreibt es: „Du verglühst in dir selbst.“ (R 116,25/HL 93,31) Der Ritter hat die letzte „Station“ seines Lebens erreicht, gibt ein Vermächtnis an die Hinterbliebenen und kann in Frieden Abschied nehmen: „Löse meine Seele nun.“ (R 119,4/HL 95,34) Sein Tod bekommt Züge christlicher Erlösung – die in der säkularisierten Abendmahlszene des 3. Aktes (R 79,21–82,7/HL 63,7–65,8) vorbereitet wurde – und erinnert bis in Details hinein („Gebt mir einen Trunk Wasser.“ R 119,12/HL 95,41) an Jesu Kreuzestod. Gegen Ende des Stückes häufen sich Zitate aus dem Alten und Neuen Testament (R 117,8/HL 94,14; R 118,1/HL 94,34; R 118,19 f./HL 95,14 f.), die Götz und einmal Elisabeth verwenden. Es ist das Ende eines Lebens, das von Anfang bis Ende der Idee verpflichtet blieb, den Stand des Reichsritters zu erhalten, auch wenn diese historisch überholt war. Es ist der logische Abschluss einer linearen Handlungsführung, in die nichts Neues eingebracht werden konnte, die letzte Station eines Stationenstückes.

Erlösung im Tod

Von intriganter Ehefrau ermordet

Ganz anders stirbt Weislingen. Er wird im Auftrag seiner Frau von seinem eigenen Knappen Franz ermordet. Auf dem Höhepunkt seiner Macht, als Ratgeber des Kaisers, wird seiner Frau Adelheid bewusst, dass sie selbst diese Stelle einnehmen könnte, wenn ein neuer Kaiser antritt. Dazu muss Weislingen als Ratgeber und Ehemann beseitigt werden. Sein Tod ist die Folge eines außergewöhnlichen Konfliktes um die Macht; dramaturgisch ähnelt er den spektakulären Abschlüssen in Tragödien Racines (z. B. *Britannicus* und *Phädra*[53]), die Goethe kannte. Weislingens Tod bekommt zusätzliche dramatische Wirkung, da er in einem „heimlichen Gericht" verhandelt und gesühnt wird: Adelheid wird zum Tod verurteilt. Mit der Ermordung Weislingens und der vorgesehenen Hinrichtung Adelheids geht diese Handlung zu Ende, die einem aristotelischen Dramenaufbau folgt.

„Faustrecht" versus römisches Recht

Mösers Bedeutung für die Konfliktparteien und den Konflikt

Auf die Konflikte in Goethes *Götz* hatte Mösers Aufsatz *Von dem Faustrecht* ebenso Einfluss wie auf die Konfliktparteien. Möser verteidigte nicht nur das Faustrecht, sondern begeisterte sich auch für die Tapferkeit des einzelnen Menschen; nur sie mache eine Nation wirklich groß. Das Faustrecht war für Möser „das Recht des Privatkriegs unter der Aufsicht der Landfriedensrichter"[54]. Es anzuwenden war nur die herausragende Persönlichkeit in der Lage. Dagegen kämen in späteren Kriegen „geschleuderte Massen ohne Seele"[55] zum Einsatz, unter denen der Einzelne keinen Charakter mehr hätte: „Homer selbst würde nicht im Stande sein, drei Personen daraus in ihrem eignen Charakter handeln oder streiten zu lassen."[56] Dieser Würdigung folgte Goethe: Sein Götz ist mit allem versehen, was einen Helden und einen Charakter ausmacht, angefangen vom Namen bis hin zu einer Verstümmelung, die

53 In *Britannicus* (1669) wird der Stiefbruder Neros von seinem Erzieher Narciss in Neros Auftrag während eines Versöhnungszeremoniells vergiftet, weil Nero in Britannicus den Nebenbuhler in der Liebe und einen möglichen Thronanwärter sieht. In *Phädra* (1677), die Schiller 1805 übersetzte und unter Goethes Anteilnahme bearbeitete, stirbt die Titelheldin an Gift, nachdem sie von der Liebe ihres Stiefsohnes Hippolyt, in den sie verliebt ist, zu Aricie erfährt, und er von seinen Pferden zu Tode geschleift wird.

54 Möser (s. Fußnote 9), S. 398.

55 Ebd., S. 396.

56 Ebd., S. 397.

„Eiserne Hand" repräsentiert Faustrecht

durch eine „eiserne Hand" – die das Faustrecht sogar zu repräsentieren vermag – behoben wurde. In den Kämpfen schlägt er sich scheinbar allein. In einer Art **Mauerschau** sieht ein Knecht in der Schlacht nur Götz, der siegt (R 71,1 ff./HL 56,1 ff.). Götz' Gegner, der Hauptmann, beklagt, seine Truppen seien fortgelaufen „vor Einem Mann" (R 73,6/HL 57,35); Götz schlage „ein Detaschement [Truppenabteilung, R. B.] nach dem anderen" (R 69,4/HL 54,14). Götz' Gegner sind stets eine „Masse", das „Lager der Reichsexekution" (R 60,18/HL 47,19), die „Reuter" (d. i. Reiter, R 67,26/HL 53,21), und alle fliehen vor Götz. Am Ende der Schlacht sind noch 150 von 400 Angreifern übrig, und der Hauptmann fordert, man solle nun nach Jagsthausen ziehn, „eh er sich erholt und sich uns wieder in Weg stellt" (R 74,12 f./HL 58,28 f.). Während Götz die starke Persönlichkeit im Sinne Mösers war, erscheinen seine Gegner als die „geschleuderte Masse", schwach und ohne Individualisierung, unter Verletzungen wimmernd und letztlich feige (R 70,7 ff./HL 55,11 ff.), selbst Namen werden ihnen nicht gegeben.

Der Einzelne gegen die Masse

Der die Handlung durchweg begründende Konflikt besteht zwischen dem abgesetzten Faustrecht, wie es Götz vertritt, und dem römischen Recht, das seit dem Reichstag zu Worms 1495 als staatliches Recht herrscht und zum Landfrieden gehörte. Götz hat an diesem Reichstag als Sechzehnjähriger teilgenommen (R 24,16 f./HL 18,12ff.); er begleitete seinen Vetter Konrad von Berlichingen, der Hofmeister und Rat beim Markgrafen Friedrich von Brandenburg-Ansbach war. Der Gegensatz zwischen dem Faustrecht und dem römischen Recht wird in dem Schauspiel über fünf Stufen geführt – parallel zu den fünf Akten; dabei schaukelt sich der Konflikt auf und bezieht immer größere Verbände ein. Aus der Gefangennahme eines Knappen entwickelt sich der Einsatz einer Armee:

Römisches Recht und Faustrecht in Konfrontation

Weislingen vertritt das römische Recht	*Götz setzte sich mit dem Faustrecht zur Wehr*
1. Bischof nimmt **einen „Buben"** Götzens gefangen als Strafe für Taten Götzens (R 32,22 ff./HL 24, 32 ff.). Kaiserliche Kommissare sollen Vergleich schaffen.	
	1. Götz nimmt **Weislingen** gefangen, das Werkzeug des Bischofs, der soll dessen Zeche bezahlen (R 8,4/HL 5,15), weil man des Bischofs nicht habhaft wurde.
	2. Götz kündigt Nürnberg Fehde (R 41,4/HL 31,19) an und überfällt **Nürnberger Kaufleute** (R 56,21 ff./HL 45,17 ff.), weil sie dem Bischof von Bamberg den Buben verraten haben (R 41,7/HL 31,22 f.).
2. Weislingen fordert vom Kaiser „Strenge" gegen Götz; es droht die **Reichsacht mit Reichsexkution,** um die Acht durchzusetzen und Götz zur Urfehde aufzufordern (R 59,15 ff./HL 46,19).	
3. Die **Reichsexekution** ist unterwegs gegen Götz, im Auftrag von „Kaiser und Reich" (R 60,28/HL 47,30 ff.).	
	3. Götz besiegt nicht nur die Angreifer, sondern beleidigt **die Reichsexekution** mit seinem Satz: „Er aber, sag's ihm, er kann mich im Arsch lecken" (R 77,16 f./HL 61,12).

4. **Kaiserliche Räte** werden gegen Götz aufgeboten, um eine Verhandlung zu führen und Götz zur Urfehde zu verpflichtcn (R 85,16–88,21/HL 68,4-70,29).	
	4. Götz schlägt mit seiner eisernen Hand **angreifende Bürger** nieder (Faustrecht) (R 88,30 ff./HL 70,36 f.), Sickingen nimmt Räte und Ratsherren gefangen.
	5. Götz wird trotz der Reichsacht, die ihn verpflichtet, auf seinem Schloss zu bleiben, **Anführer der Bauern im Bauernkrieg** gegen Adel und Fürsten.
5. Weislingen wird als **Kommissar mit einer Armee des Schwäbischen Bundes** zum Vollzug des Todesurteils gegen Götz ausgeschickt, die mit „unerhörten Exekutionen" (R 111,15/HL 89, 25) vorgeht.	

3.4 Personenkonstellation und Charakteristiken

ZUSAMMEN-FASSUNG

- Im Stück handeln viele sozialen Gruppen und Stände der Zeit; daraus lässt sich ein Ständebaum bilden.
- Goethe entnahm die meisten der im Stück auftretenden historischen Personen Götz' *Lebens-Beschreibung*.
- Sprechende, symbolträchtige und wirkungsvolle Namen werden verwendet.
- Die Figuren sind auf Götz abgestimmt, unterliegen jedoch auch deutlich einer polaren Gegenüberstellung.

Sprechende Namen und Ständebaum

Personenreiches Stück

Das Stück ist personenreich und umfasst **die meisten sozialen Schichten und Stände** der damaligen Zeit, vom Kaiser bis zu den Bauern und Sinti und Roma, die damals offiziell „Zigeuner" hießen. Wenige **Frauen** sind wirklich an der Handlung beteiligt, ein Hinweis auf die eingeschränkte soziale und politische Rolle der Frau im 16. Jahrhundert. Maria wird zum Beispiel ohne Rücksicht auf ihre wirklichen Gefühle in kurzer Zeit zwei Männern als Partnerin zugesprochen: Weislingen und Sickingen. Nur Adelheid, die zwar Weislingen heiratet, sich aber einer Familiengründung entzieht und eigene politische Ziele anstrebt, wird differenziert und als weibliche Ausnahmefigur dargestellt. Das Figurenensemble fällt durch sprechende bzw. symbolträchtige Namen auf:

Sprechende und symbolträchtige Namen

- Weislingen wird von Sickingen abwertend „Weißfisch" (R 61,17/HL 48,17) genannt, womit auf Farblosigkeit und Kälte angespielt wird.

- → „Georg“ erinnert an den christlichen Drachentöter, Soldaten und Nothelfer Hlg. Georg.
- → „Adelheid“ erinnert an die Hlg. Adelheid, die politisch bedeutender wurde als ihre Männer.
- → „Liebetraut“, verbreitet als Mädchenname, erinnert an die „blumigen“ Höflingsnamen bei Shakespeare wie Rosenkranz und Güldenstern aus *Hamlet*.
- → „Martin“ weist auf Martin Luther und den Hlg. Martin.

Im Falle von Olearius wird die Funktion wirkungsvoller Namen erörtert: Er heißt eigentlich Öhlmann, das wäre jedoch ein „Missstand“ (R 28,14/HL 21,18) auf den Titeln seiner lateinisch geschriebenen Schriften gewesen.

Der Ständebaum

Im 16. Jahrhundert wurde in sogenannten Ständebäumen die soziale Struktur in Form eines Baumes bildhaft dargestellt. Goethes Figurenensemble entspricht einem solchen Ständebaum perfekt, lediglich der Papst fehlt (s. Grafik auf S. 69).

Götz von Berlichingen

Selbsthelfer

Alle anderen nur „Reagenzfiguren“

ist ein kraftvoller Selbsthelfer, der als freier Reichsritter einen Stand verteidigt, der historisch überholt ist. Er beherrscht das Stück, im *Urgötz* als Gottfried von Berlichingen, dann als Götz. Die anderen Gestalten nannte Richard M. Meyer[57] treffend „Reagenzfiguren“, die Götz die Möglichkeit des Handelns schaffen. Goethe hat sie teilweise aus der *Lebens-Beschreibung* Gottfried von Berlichingens entnommen. Erstmals ließ Goethe dabei eine fiktive Gestalt für Untreue sterben – Weislingen –, um sich selbst von der Schuld gegenüber Friederike Brion zu befreien. In *Die Leiden des jungen Werthers* (1774) sollte sich das wiederholen.

---

57 Richard M. Meyer: *Goethe*. Berlin 1895, S. 71.

DER „STÄNDEBAUM" IM *GÖTZ VON BERLICHINGEN*

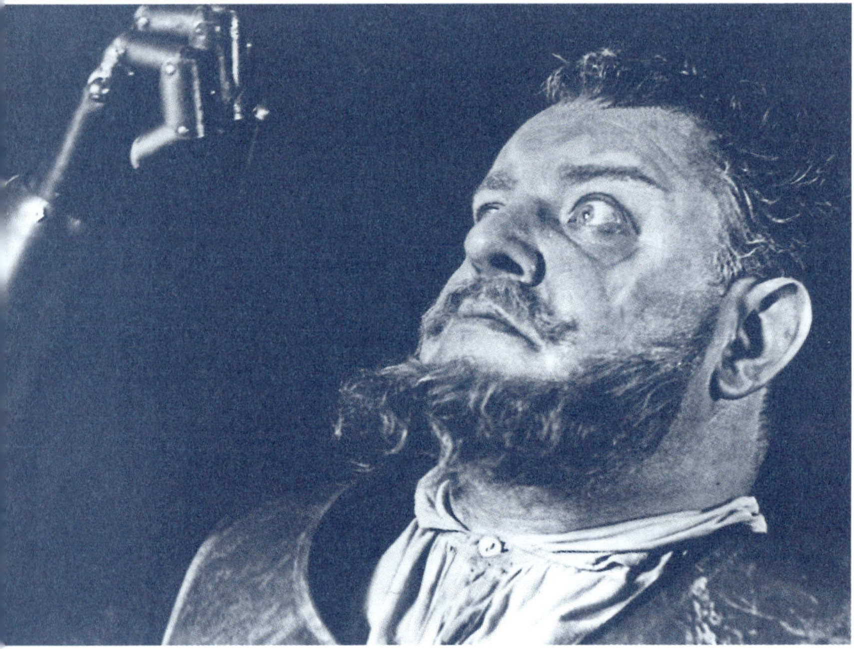

Heinrich George als Götz von Berlichingen (1930)
© ullstein bild

Der **historische Götz von Berlichingen** lebte von 1480 bis 1562. Er schrieb seine *Lebens-Beschreibung* in den letzten Lebensjahren auf. In seinen Erinnerungen stilisiert sich Götz als eine urwüchsige Persönlichkeit, die sich für eine schwächliche Gegenwart als Beispiel eignete, weil er als „ganzer Kerl" seine Zeit in die Schranken gefordert hatte. Götz beruft sich auf sein Naturrecht, aber er unterliegt einer neuen, vom römischen Recht geprägten Ordnung. Der historische Götz starb nicht nach dem Bauernkrieg 1526 in Gefangenschaft, sondern 1562 auf seinem Schloss Hornberg. Jakob

Michael Reinhold Lenz (1751–1792), der zur Entstehungszeit des Stücks Goethe verehrte und als Bruder empfand, beschrieb Götz:

> „Ein Mann, der weder auf Ruhm noch Namen Anspruch macht, der nichts sein will(,) als was er ist: ein Mann. (…) da ist der ganze Mann, immer weg geschäftig, tätig, wärmend und wohltuend wie die Sonne, aber auch eben so verzehrendes Feuer, wenn man ihm zu nahe kommt – und am Ende seines Lebens geht er unter wie die Sonne, vergnügt, bessere Gegenden zu schauen(,) wo mehr Freiheit ist, als er hier sich und den Seinigen verschaffen konnte, und lässt noch Licht und Glanz hinter sich. Wer so gelebt hat, wahrlich, der hat seine Bestimmung erfüllt (…)“[58]

Vertreter des freien Rittertums

Dramaturgisch wird Götz von Goethe mit vielen Schichten und Klassen in Beziehung gebracht. Seine Eigenschaften werden in anderen Gestalten gespiegelt und dadurch aufgewertet. Götz ist rechtsbewusst, seine Gegner sind Verräter. Er ist der Vertreter eines freien Rittertums, das den Kampf gegen ein feudalabsolutistisches Staatswesen aufnimmt und nicht anerkennen will, dass es überholt ist. Goethe gab seinem Götz Tugenden mit, die sich auf die Kraft des einzelnen Mannes, das Faustrecht und auf eine ehrliche Gesinnung gründeten, die aber nicht mehr aktuell waren. Dass Götz diesen herausragenden Charakter bekam, bedeutete Verlust für die Gegenseite, besonders für die Bauern. Deren berechtigte soziale Forderungen, die im *Urgötz* noch verhandelt werden, verschwinden in der Fassung von 1773; an ihre Stelle treten verbrecherische Mordbrenner, deren Untaten begründen, warum Götz die Übereinkunft mit ihnen bricht. Sein eigenes Urteil hat er indessen gefällt, als er sich entgegen der Zusage, künftig in keine Fehde mehr einzutreten

---

58 Lenz, S. 640.

(„Er ist auf sein ritterlich Wort auf sein Schloss gelassen, sich da still zu halten.“ R 93,10 f./HL 74,19 f.), an die Spitze aufständischer Bauern stellt, wenn auch nur für eine beschränkte Zeit.

Elisabeth

Kaum eigenes Profil

Goethes Frauengestalten haben es in dem Stück schwer, ein eigenes Profil zu gewinnen, ausgenommen Adelheid. Goethes Freund Lenz hatte ein Gespür dafür, welche Rolle die Frauen in dem Stück spielen: Elisabeth war der Spiegel für Götzens Charakter, Götz, „der ein Weib hat, seiner wert, nicht durch Schmeichelei sich erbettelt, sondern durch Wert sich verdient“[59]. Elisabeth ist charakterlich **die weibliche Entsprechung zu Götz** und bekommt dadurch wenig eigenes Profil. Was sie individualisiert, sind Züge einer **energischen und praktisch denkenden Hausfrau**, die Goethe von seiner Mutter bezogen haben dürfte; sie erkannte sich in Elisabeth wieder.

Carl

Wird kein Selbsthelfer werden

ist der **wohlerzogene Sohn** Götz‘ und Elisabeths, der durch die von Marie betriebene fromme Erziehung kein Selbsthelfer werden wird, sondern eher höfisch gebildet erscheint. Carl ist **früh im Glauben angekommen**. Er fragt seinen Vater bei dessen Rückkehr vom Überfall: „Soll ich dir vom frommen Kind erzählen?“ Diese Haltung ist verbunden mit der Gefahr, in der geistigen Versenkung den Alltag zu vergessen. Carl hat viel gelernt, aber kann die praktische Frage, wer der Herr von Berlichingen sei, nicht beantworten. Götz ist enttäuscht: „Er kennt wohl für lauter Gelehrsamkeit seinen Vater nicht.“ (R 20,17 f./HL 15,10) Er wird, nach dem Vorbild seiner Tante Maria, die ihn auch entsprechend vorbereitet, im Kloster erzogen; Götz verzichtet im Angesicht des Todes darauf, ihn kommen

---

59 Ebd., S. 640.

zu lassen, um ihn zu segnen: „(…) er ist heiliger als ich, er braucht meinen Segen nicht." (R 118,23 f./HL 95,18 f.) Das ist Verzicht und Resignation des Vaters in einem.

Kaiser Maximilian I.

Größere Rolle im *Urgötz*

tritt im Zentrum des Stückes, in der ersten Szene des 3. Aktes auf. Das ist ein Rest der ursprünglichen Rolle. Im *Urgötz* wird der 3. Aufzug mit dem Reichstag zu Augsburg eröffnet, der in der Überarbeitung beiläufig von Weislingen gegenüber Adelheid erwähnt wird: „(…) der Reichstag zu Augsburg soll hoffentlich unsere Projekte zur Reife bringen" (R 53,28 f./HL 41,28 f.). Maximilian (1459–1519) war **ein fantasievoller und begabter Herrscher**, den das Kaisertum faszinierte. Er war Politiker und erfolgreicher Kriegsherr, ein eifriger Sammler von Büchern und Bildungsgütern, ein leidenschaftlicher Jäger, ein Mäzen der Kunst und tatkräftiger Reformer im Verwaltungsbereich. Mit den Fortschritten in Wirtschaft, Technik und Militärwesen stärkte er die eigene Hausmacht, führte eine kluge Diplomatie und schuf das habsburgische Machtgefüge. Er scheiterte aber, als er das deutsche Reich zentralisieren wollte. In seiner Herrschaftszeit begann das Aufbegehren der unterdrückten Massen, das schließlich in der Reformation, im Bauernkrieg und der deutschen frühbürgerlichen Revolution mündete. Goethe führte die Biografien Maximilians und Götzens zusammen, um den „letzten Ritter auf dem Thron" mit dem letzten freien Ritter zu verbinden.

Der letzte Ritter auf dem Thron: Maximilian I.

Verständnis für Götz

Im Stück ist Maximilian **ein Götz zugetaner, leutseliger Kaiser**. Allerdings kann er wegen der Zersplitterung seine Vorstellungen nicht verwirklichen. Aus diesem Grunde steht er Weislingens Argument, mit Strenge gegen alle Attacken auf die „Oberherrschaft" (R 59,12 f./HL 46,33) vorzugehen, aufgeschlossen gegenüber. Aber er hat auch Verständnis für die letzten Vertreter eines freien Rittertums: „(…) nur wollt' ich nicht(,) dass ihnen was zuleid geschehe. Gefangen möcht ich sie haben, und dann müssten sie Urfehde schwören, auf ihren Schlössern ruhig zu bleiben, und nicht aus ihrem Bann zu gehen." (R 59,16 ff./HL 46,37 ff.) Maximilian I., der auch als „der letzte Ritter" auf dem Thron und als „Vater der Landsknechte" bezeichnet wurde – damit den Widerspruch in einer Person darstellend –, verkörpert den Übergang von der freien Ritterschaft zu den zunftmäßig organisierten Landsknechtsheeren.

Adelbert von Weislingen

Partielles Selbstporträt Goethes

ist partiell ein Selbstporträt Goethes. Sein Liebesverrat an Friederike Brion ist eingegangen in diese Gestalt. Er betrachtete diese Darstellung als „reuige Betrachtungen" und „poetische Beichte (...), um durch diese selbstquälerische Büßung einer innern Absolution würdig zu werden" (BA 13, 561).[60] Götz erscheint, wie Goethe gern gewesen wäre, Weislingen, wie er zu dieser Zeit war. Deshalb konnte er ihm nicht alle Sympathien entziehen. Weislingen war der geschmeidige Hofmann und Politiker, der zwischen allen Fronten agierte. Dass seine Geschichte „rein privat"[61] sei, verkennt seine Stellung: Er ist des „Bischofs rechte Hand, ein gewaltiger Herr" (R 5,18/HL 3,13), der Diplomat der Partikularfürsten, „deren Hülfe uns [den abtrünnigen Reichsrittern wie Weislingen, R. B.] nah ist" (R 23,25/HL 17,31 f.), bei Hofe „in einem Andenken" (R 35,9/HL 26,29) von ungewöhnlicher Art und der „Kommissar" (R 111,13/HL 89,23) des Schwäbischen Bundes bei der Niederschlagung des Bauernaufstandes. Nur zwei Jahre nach der Entstehung 1773 fügte sich Goethe 1775 problemlos in eine ähnliche Rolle am Hofe in Wei-

---

60 Goethe bat den Freund aus der Straßburger Zeit, Johann Daniel Salzmann (1722–1812), ein Exemplar des Stückes an Friederike zu schicken; sie würde sich einigermaßen getröstet finden, „wenn der Untreue vergiftet wird" (Brief an Salzmann, Oktober 1773. In: Eibl u. a.: *Der junge Goethe*, Begleit-CD, 1773, Nr. 181).

61 Boyle, S. 145.

mar. **Weislingens Untreue gegen Götz** ist gleichzeitig der Versuch, sich in die Zeit nach einem kämpferischen freien Rittertum, aus dem er stammt, in neue Machtstrukturen einzuordnen. Weislingen nimmt jenen Goethe vorweg, der sich nach seiner Ankunft in Weimar schnell in die dortigen Machtverhältnisse einzuordnen verstand. In Briefen an Friederike Oeser beschrieb sich der Dichter so, wie er den Weislingen zeichnete.

Vorwegnahme des Weimarer Ministers Goethe

Weislingens Charakter insgesamt entspricht der neuen Zeit. Er ist, wenngleich zwiespältig gezeichnet, **politisch und ökonomisch** der moderne Mensch. Er wurde „frei, so edel geboren als einer in Teutschland, unabhängig" (R 23,1 f./HL 17,9 f.), hat aber seine **Unabhängigkeit als Ritter aufgegeben**, sich in die Verwaltung der Territorialmacht eingeordnet und dient dieser zu ihrem Schutz, um selbst geschützt zu werden. Weislingen kann deshalb sehr berechtigt Götz vorwerfen: „Du siehst die Fürsten an, wie der Wolf den Hirten." (R 23,12 f./HL 17,19 f.) Für den Bischof von Bamberg ist Weislingen ein Partner geworden, dem die Felder des Landes „ihren blühenden Zustand" verdanken (R 45,17 f./35,1).

Weislingen als moderner Mensch

Franz von Sickingen

ist neben Götz eine **interessante Rittergestalt** mit großen Ideen. Er entstammt ebenfalls dem 16. Jahrhundert, jener Zeit „von derber Charakteristik"[62]. Im Stück steht er in der Blüte seines Lebens, er starb jedoch bereits 1523, 39 Jahre vor Götz. Den Bauernkrieg erlebte er nicht mehr. Im *Urgötz* wird er der Geliebte Adelheids, „Weisling ist ein Schatten gegen ihn." (BA 7, 125) Diese Beziehung wird im Zuge der Neufassung von 1773 völlig ausgeschieden; gegenüber dem *Urgötz* veränderte sich seine Rolle grundlegend: Er will eine Adelsdemokratie verwirklichen, deren Haupt (Kurfürst) er

Utopie einer Adelsdemokratie

62 Marx: *Die Sickingen-Debatte*, S. 180.

werden möchte. Aber sein Kampf scheitert: Nachdem Götz in Gefangenschaft ist, erfährt Maria, dass Sickingen in Gefahr ist: „Die Fürsten werden ihm zu mächtig, man sagt(,) er sei eingeschlossen und belagert.“ (R 117,28 f./HL 94,28 f.) – Von besonderem Interesse wird die Figur durch ihre Wirkungsgeschichte („Sickingen-Debatte“, vgl. S. 130 f. der Erläuterung).

Adelheid von Walldorf

Eine deutsche Lady Macbeth

ist als **Intrigantin** eine deutsche Lady Macbeth (Shakespeare). Sie ist auch der Typ der Mätresse, wie sie an Fürstenhöfen üblich war. Lessing bot in *Emilia Galotti* ein Beispiel: Gräfin Orsina ist nicht nur intelligent und schön, sondern wendet zur Vernichtung ihrer Gegner brutale Gewalt an. Ähnlich im *Götz:* Es ist das **Gift** der Adelheid, mit dem Franz seinen Herrn ermordet („… dieses Fläschchen gieß ihm unter das Getränk.“ R 110,30 f./HL 89,7 f.). Adelheid ist Gegenspielerin des Götz, seiner Schwester Maria, des Kaisers und Weislingens. Da sie sich in Rechtsverhältnissen auskennt, kann nur ein Femegericht sie richten, die originäre Rechtsauffassung des Volkes. – Aber sie ist auch eine dämonische und anziehende Figur. Der Sturm und Drang hatte eine Vorliebe für Verbrecherfiguren, man denke nur an Schillers Räuber Karl Moor (*Die Räuber*) und seinen *Verbrecher aus verlorener Ehre*, auch der Raubritter Götz gehört dazu. Diese Vorliebe ging von der ethischen Ansicht aus, dass das Böse die Kehrseite des Guten sei und beides also existenznotwendig. In dieses Umfeld gehört Adelheid. Von den anderen Frauen unterscheidet sie ihre Gleichgültigkeit gegenüber moralischen Werten zu Gunsten der Macht. Dadurch wird sie zu einer modernen Figur. Goethe war während des Schreibens in eine „wundersame Leidenschaft“ für sie verfallen. Während er sie liebenswürdig schildern wollte, hatte er sich „selbst in sie verliebt“ (BA 13, 614). Die erotische Ausstrahlung Adelheids, der in der ersten Fassung auch Sickingen und Adelheids

Moderne Machtgier

Henker erliegen, wird in der zweiten Fassung gemildert. Für Goethe war sie die erotische Frau, die Femme fatale, die Verführerin, wie Goethe sie später auch in der Helena im *Faust* gestaltete. So wie deren Gegenbild Gretchen war, so war es im *Götz* Maria, das Abbild der Friederike Brion.

Femme fatale

Maria

im *Urgötz* „Marie" genannt, ist **eine liebende Frau**; das ist wenig, zumal die Liebe wenig auffällig ist. Götz' Schwester ist bis zu ihrem sechzehnten Lebensjahr im Kloster erzogen worden. Ihre Liebe zu Weislingen ist von der christlichen Erziehung bestimmt, denn diese Liebe ist wie die zu ihrer einstigen Äbtissin (R 31,23 f./HL 24,4 ff.). Der Austausch der Verlobten – erst Weislingen, dann Sickingen – geschieht schnell; wie stark ihre Gefühle für die beiden Männer sind, bleibt anfangs ungewiss. Eine „erotische Verliererin"[63] ist sie dennoch nicht, vielmehr scheint ihre Liebe weniger durch leidenschaftliche Erotik, mehr von christlicher Nächstenliebe geprägt zu sein. Sie erzieht Götz' Sohn im Sinne dieser Nächstenliebe und Wohltätigkeit und führt ihn in die Geschichte der Heiligen ein. Ihre dramaturgische Funktion ist, Kontrastperson zu Elisabeths kämpferischer Haltung und zu Adelheids gefährlicher Sinnlichkeit zu sein. Sie trägt aber auch Züge von Goethes Schwester Cornelia, die gerade zu dieser Zeit Braut des ungeliebten Johann Georg Schlossers (1739–1799) wurde.

Nächstenliebe statt Leidenschaft

Bruder Martin

der mit seinem „Klosternamen" (R 9,29/HL 6,32) Augustin heißt, hat Konflikte mit seinem Beruf und **leidet unter seinem Gelübde**. Sein Taufname, auf den er stolz ist, erinnert an Martin Luther, sein

Martin ist nicht Martin Luther

---

63 Safranski, S. 109.

Klostername Augustin an Luthers Mönchsorden, die Augustiner[64]. In der zweiten Fassung unterstrich Goethe die Ähnlichkeit noch: Kam Bruder Martin in der Fassung von 1771 aus einem Kloster in Weißenfels, so ist in der Fassung von 1773 sein „Kloster (…) Erfurt in Sachsen" (R 11,5/HL 7,37), das Augustinerkloster Luthers. Trotzdem ist Martin nicht Luther: Dieser Bruder Martin ist ein „Bruder", der dorthin geht, „wo was zu betreiben ist", kein Mönch mit Priesterweihe wie Luther (R 11,5 f./HL 7,38), sondern handwerklich begabt. Im Stück wird nirgends von der Reformation gesprochen, obwohl doch alles während der Reformation geschieht. Goethe interessierte weniger die religionsgeschichtliche Bedeutung der Reformation, sondern ihr ethischer Wert. Diesen bringt Bruder Martin ein. Er empfindet sein Mönchsdasein als bedrückenden Gegensatz zu Götzens freiem Leben, weil er nicht „Mensch" sein dürfe. Martin ist das lebendige **Beispiel für die Richtigkeit der Reformation** und die Kritik an der christlich erzwungenen Askese. Martins Abkehr vom Mönchsein vollzieht sich als Abkehr von den Attributen und Requisiten des Katholizismus. Er ist der Gegner des **Bischofs von Bamberg**, der weniger Würdenträger der Kirche, mehr machtbewusster weltlicher Fürst ist. Der Bischof interessiert sich für Rechtsfragen und lädt deshalb den Rechtsgelehrten Olearius ein, während dem Abt die für seine Tätigkeit notwendigen politischen Kenntnisse abgehen, wie sein Wissen über die Gesetzlichkeit ausweist: Er kennt Justinian und seine Gesetzessammlung *Corpus Juris* nicht (R 25,29/HL 20,8; R 26,28 ff./HL 20,34 ff.), obwohl das römische Recht in der Ausbildung in Bologna verbindlich war, das Faustrecht ablöste und 1495 auf dem Wormser Reichstag als verbindlich erklärt worden war. Es galt als allgemein anerkanntes Recht.

Abkehr vom Mönchsein

64 Boyle meint fälschlich, Luther selbst habe „einen kurzen Auftritt" (Boyle, S. 144).

Martin dagegen bevorzugt Götzens eiserne Hand, „totes Werkzeug, belebt durch des edelsten Geistes Vertrauen auf Gott" (R 13,15 f./HL 9,26 f.). Die Tat ist entscheidend, nicht der Glaube. Der Bruder Martin protestiert gegen die vorhandenen Strukturen, nicht nur die der katholischen Kirche, sondern auch gegen die Mönchsgelübde: „(...) mir kommt nichts beschwerlicher vor, als nicht Mensch sein dürfen. Armut, Keuschheit und Gehorsam. Drei Gelübde, deren jedes, einzeln betrachtet, der Natur das unausstehlichste scheint, so unerträglich sind sie alle." (R 11,15 ff./HL 8,3 ff.) Indem er Götzens **Knecht Georg** auf seinen Patron, den Heiligen Georg verpflichtet, schafft er sich einen Stellvertreter im alltäglichen Leben, der mit Glauben und Kirche nichts im Sinne hat, dafür mit fortwährenden Bewährungssituationen. Nun, nach der Verpflichtung durch Martin, will er nicht mehr „nach Sperlingen" (R 14,18/HL 10,18) schießen, sondern man lasse für ihn – den Drachentöter der Legende – „die Drachen kommen" (R 14,20/HL 10,20).

Lerse

Denkmal für Freundschaft

hieß ein Freund aus der Straßburger Zeit, Goethes „Tischgeselle" der von Goethe mit hoher Anerkennung bedacht wurde. Der Theologe Franz Christian Lersé (1749–1800) nahm in Goethes Kreis wegen seiner zahlreichen guten Eigenschaften die „Stelle eines Schieds- und Kampfrichters bei allen kleinen und größern Händeln, die in unserem Kreise (...) vorfielen" (BA 13, 402 f.) ein. Lersé prägte sich wegen seiner Aufrichtigkeit, Unparteilichkeit und Liebenswürdigkeit so tief bei Goethe ein, dass er sich veranlasst fühlte, „unserer Freundschaft ein Denkmal zu setzen und der wackern Figur, die sich auf so eine würdige Art zu subordinieren weiß, den Namen Franz Lerse zu geben" (BA 13, 404). Im Stück ist er ein tapferer „Reutersknecht" (R 65,24 f./HL 51,41 f.), ein **Spiegel Götz' auf niederer Ebene**, und tritt erst im 3. Akt auf, erinnert Götz an eine

Auseinandersetzung, in der er Götz als mutigster und „bravste(r)" (R 65,7/HL 51,25 f.) Gegner aufgefallen war, und bietet sich als Mitstreiter an. Götz nimmt ihn in seine Dienste, in denen er sich bewährt und zu einem der **wertvollsten, einfallsreichsten und bedachtsamsten Reiter** wird, dem im Stück das letzte Wort überlassen wird.

Franz

Weislingens Knappe und Mörder

ist die Kontrastfigur zu Götz' Lerse: Er ist Weislingens Knappe, ein Spiegel desselben auf niederer Ebene, und erzählt seinem Herrn von Adelheids Schönheit. Er ist ein begeisterungsfähiger, sinnlicher, schnell entflammbarer, allem Schönen gegenüber aufgeschlossener junger Mann, dem das kritische Urteil über das Schöne, aber auch zu seinen Handlungen teilweise fehlt und der deshalb treulos, zum Intriganten gegenüber Weislingen und zu seinem Mörder wird. Er beschreibt nach der Bekanntschaft mit der schönen Adelheid, deren Geliebter er wird (R 109,30/HL 88,11), den Dichter[65]: „So fühl ich denn in dem Augenblick, was den Dichter macht, ein volles, ganz von einer Empfindung volles Herz." (R 36,36 f./HL 28,4 f.) Die Bestimmung ist unter den genannten Voraussetzungen kritisch zu sehen: Franz fehlt die geradlinige Sachlichkeit eines Lerse, und er geht mit den moralisch Verwerflichen unter. Er stürzt sich in den Main.

Metzler

Oberster Hauptmann des Bauernhaufens

ist ein Bauernführer. Der Wirt Georg Metzler von Ballenberg (gest. am 2. Juni 1525) war der Hauptmann des Odenwalder Bauernhaufens. In Urkunden des Bauernkrieges wird er gemeinsam mit Götz genannt. Am 4. April 1525 zog er zum reichen Zisterzienserkloster

---

65 Hettner würdigt sie unkritisch als „das bedeutende Wort", vgl. Hettner, Bd. 2, S. 100.

Schöntal, danach mit nach Weinsberg. Dort drohte der verhasste Graf Ludwig von Helfenstein, ein Schwiegersohn Maximilians I., den Bauern, sich an ihren Weibern und Kindern zu rächen. Die Bauern erstürmten Weinsberg und nahmen den Helfensteiner gefangen. Im 5. Akt berichtet Metzler in Bruchstücken seine Handlungen, erwähnt die Eroberung von Weinsberg, die Ermordung des Helfensteiners und seiner Adligen. Er beschreibt einen Kometen (R 100,7 ff./HL 80,28 ff.), den er als Zeichen ihres Kampfes versteht. Auf Götz' Entschluss, sie zu führen, wenn sie von ihren Raubzügen ablassen, reagiert Metzler ablehnend und sieht darin den Rat eines „Fürstenknechts“ (R 102,28/HL 82,35), obwohl er anfangs Götz als potenziellen Verbündeten und „rechtschaffene(n) Herr(n)“ (R 5,30/HL 3,24) ansieht. Er will mit seinen „Haufen“ (R 102,30/HL 82,37) weiterhin kämpfen, „Miltenberg dort drüben anzünden“ und „den Verträgern zusammen die Köpf“ abschlagen (R 102,33 f./HL 82,38 ff.). Sein historisch verbürgter Name bekommt zusätzlich metaphorische Bedeutung: Metzler – metzeln. So wird er bei Goethe zum **Gegenspieler Götz'**, dem „feigen Kerl“ und „Fürstendiener“ (R 106,14/HL 85,31), der ihn daraufhin niederschlägt. Götz bezeichnet ihn wegen des Mordes am Helfensteiner als einen „Nichtswürdige(n)“ (R 106,8/HL 85,25). Im *Urgötz* spielt Metzler dagegen eine andere Rolle. Im 5. Akt bekommt er in der sogenannten „Helfenstein-Szene“ entscheidende dramaturgische Bedeutung als radikaler Revolutionär. In der Schilderung vom Tod seines Bruders und den Leiden der Bauern sind noch jene Elemente des Aufbegehrens zu erkennen, die auch das *Lied vom Herrn von Falkenstein* für Goethe[66] interessant werden ließen: Der Liebste ist im Turm

Die Ermordung des Grafen Helfenstein

Metaphorischer Name

Ausgeschiedene „Helfenstein“-Szene

---

66 Vgl. dazu: Ursula Wertheim: *Das Volkslied in Theorie und Praxis bei Herder und Goethe*. In: Goethe-Studien, Berlin: Rütten & Loening, 1968, S. 32; und Ursula Wertheim: *Die Helfenstein-Szene in Goethes Ur-Götz und ihre Beziehung zum Volkslied*. In: Edith Braemer / Ursula Wertheim (Hrsg.): Studien zur deutschen Klassik. Berlin, Rütten & Loening, 1960.

gefangen, das Mädchen möchte mit Messern gegen den mächtigen Herren kämpfen. Nun liegt Helfenstein im Turm gefangen, die Frau des Grafen bittet die Bauern um Gnade für ihren Mann, aber die Bauern werden die Herren durch ihre Spieße laufen lassen. Der Kern des Liedes wird übernommen„ aber „nicht nur erzählt, sondern dramatisch vorgestellt, der soziale Inhalt aber genau ins Gegenteil verkehrt (...): nicht das Mädchen aus dem Volke steht hier flehend vor dem adligen Herrn, sondern die Gräfin Helfenstein (...) wirft sich dem Bauern zu Füßen."[67]

Plünderung statt Revolution

Die Veränderungen gehören zu den einschneidenden konzeptionellen Veränderungen, die Goethe bei der Neufassung vornahm. Der sozial geprägte Bauernkrieg im *Urgötz* („Die Bauern vieler Dörfer haben einen schröcklichen Aufstand erregt, sich an ihren tyrannischen Herren zu rächen", sagt Georg zu Götz im *Urgötz* [BA 7, 106]) wurde in der Überarbeitung zu einem brutalen Plünderungs- und Vernichtungsakt. Statt diesen Satz nennt Georg nun „ein(en) fürchterliche(n) Komet(en)" (R 97,6/HL 77,29). An die Stelle der sozialen Begründung ist ein unerkennbares Schicksal getreten. Die Veränderungen dienen der moralischen Aufwertung Götz'.

Soziale Gruppen

Goethes Zigeuner-Bild

In Goethes reichem Figurenensemble werden zahlreiche Gestalten nur durch ihre Zugehörigkeit zur Gruppe bestimmt und haben keine individuellen Züge. Das betrifft besonders die Bauern, aber auch die Zigeuner. Sie sind durch ihre Freiheitsansprüche geprägt, die soziale (die Bauern, die sich von ihren Unterdrückern befreien) und mentale Ursachen (die Zigeuner, die völlig ungebunden sind) haben. Dabei unterscheiden sich diese Gruppen deutlich: Goethe

---

67 Vgl. Ursula Wertheim: *Die Helfenstein-Szene in Goethes Ur-Götz und ihre Beziehung zum Volkslied.* In: Edith Braemer / Ursula Wertheim (Hrsg.): Studien zur deutschen Klassik. Berlin, Rütten & Loening, 1960, S. 65.

sieht in den Zigeunern, dem damaligen Verständnis entsprechend, die „Waldmenschen“[68], die sich auf der Stufe der Jäger und Sammler befinden. Ihre Darstellung wechselte in den verschiedenen Fassungen: Einerseits erscheinen sie dem auf der Flucht befindlichen Götz als Freunde und Helfer („Götz[,] unser Leben und Blut lassen wir vor [für, R. B.] Euch.“, R 108,29 f./HL 87,21 f.), andererseits in einer späteren Bühnenbearbeitung als Räuber, die sich über die Beute streiten („Raubt gemeinsam und entzweit euch über der Beute!“, BA 7, 474). Aber Goethe sah in ihnen auch unkonventionell lebende Menschen, denen ein ausgeprägtes Gemeinschaftsgefühl zu eigen ist. Der Sturm und Drang erkannte die soziale Vollwertigkeit der unteren Schichten, vor allem der Bauern an. Die Entdeckung dieser untersten Schichten des Volkes für die Literatur und besonders für die Dramatik, ihre Aufwertung im Figurenensemble war eine der größten Leistungen des Sturm und Drang.

Entdeckung der unteren Schichten im Sturm und Drang

Charakterisierung durch Kontrastierung

Der Betonung sozialer Kennzeichen und damit der Verallgemeinerung steht ein Prinzip der Individualisierung gegenüber. Mehrere Figuren werden erst vollständig als Charakter deutlich, wenn man sie mit ihrer Kontrastperson vergleicht:

68 Vgl. Klaus-Michael Bogdal: *Europa erfindet die Zigeuner*. Eine Geschichte von Faszination und Verachtung. Berlin: Suhrkamp Verlag, 2011, S. 133.

	↔	
Ritter		
Götz, freier Reichsritter, nur dem Kaiser untertan.	↔	*Weislingen,* ehemaliger freier Reichsritter, nun im Dienst der unmittelbaren Duodezfürsten.
Herrscher		
Götz, herrscht auf seiner Burg, schlichtes, fast bürgerliches Leben auf der Burg, natürliches Leben. Sprachlich in der Nähe der Mundart, Redensarten u. a.	↔	*Bischof,* herrscht als Fürst am Hof in Bamberg, Genussleben voller Zerstreuung und Sinnenfreude, aber auch voller Intrigen, Heuchelei, Lüge und Mord. Sprachlich fast durchweg hochdeutsch, Fremdwörter.
Kriegsparteien		
Götz, die große Persönlichkeit, ein Einzelkämpfer, heldenhaft, Verstümmelung überwindend.	↔	*Hauptmann und Reichsexekution,* bedeutungslose Masse, unterliegen dem Einzelnen, fliehen und sind feige, unter Verletzungen leidend, namenlos.
Christen		
Bruder Martin, ist Martin Luther ähnlich, verehrt Götz, ist gegen einschränkende religiöse Gelübde. Spricht das Deutsch der Lutherbibel. Protestant.	↔	*Bischof, Abt;* Leben in Prunk und Wohlstand, gegen alle Zentralmacht, „unversöhnlicher Feind" Götz' (R 29,35/HL 22,28 f.). Abt: ungebildet in den eigenen Belangen. Sprechen geziert und verwenden Gleichnisse. Katholiken.
Frauen (als Ehefrauen)		
Elisabeth, die treue, sorgende und sehr praktische Hausfrau „ein edles fürtreffliches Weib" (R 12,24/HL 8,43).	↔	*Maria,* die feinfühlige, lebensfremde, vergeistigte Frau.
Frauen als soziale Wesen		
Maria ist „liebreich und schön", in ihren Augen ist Trost, „gesellschaftliche Melancholie" (R 37,30 ff./HL 28,31 ff.).	↔	*Adelheid:* Um sie ist „Leben, Feuer, Mut", „Ein Blick von ihr" macht den Mann zum Narren (R 37,33 f./HL 28,35 f.), erbarmungslos, ihr „Weg geht über" die Männer hin (R 94,9/HL 75,12).
Kinder		
Carl, Götzens Sohn, weich und lebensuntüchtig, lebt im Kloster, kein Nachfolger des Ritters. Entgegen der tatsächlichen Familiengeschichte Endpunkt der Familie.	↔	*Georg,* „Bube" (R 3,7/HL 2,7) des Götz; setzt die Ehrenhaftigkeit des Götz fort, stirbt im Kampf gegen den Schwäbischen Bund, „Reuterstod" (R 118,8 f./HL 95,5), ohne Alternative zu haben als das Rittertum, wozu er nicht gehört.
Knappen		
Lerse, der treue, ergebene und selbstlose Begleiter seines Herrn	↔	*Franz,* der sinnliche, intrigante und seinen Herrn verratende, sogar mordende Diener

3.5 Sachliche und sprachliche Erläuterungen

Titel und Gattung:

R 1,1	**Goethe (ohne „von")**	erst 1782 geadelt
R 1,3/HL 1,3	**mit der eisernen Hand**	Der historische Fakt wird auch symbolisch genutzt, denn Götz ist dadurch als Mensch trotz seiner charakterlichen Vorzüge mindestens beschädigt („verstümmelt", R 13,21/HL 9,32; R 116,30/HL 94,4). Auf die symbolische Bedeutung der rechten Hand wird im Gespräch zwischen Martin und Götz aufmerksam gemacht (R 13,1 ff./HL 9,13 ff.).
R 1,4/HL 1,4	**Schauspiel**	seit dem 16. Jahrhundert üblich für Drama und bürgerlich akzentuiert; untragisch
	Personen:	Die ersten Drucke hatten kein Personenverzeichnis. Die große Zahl von Personen entspricht den Historien Shakespeares. Das antike Drama, die klassizistischen französischen Dramen, auch die Werke Lessings hatten nur wenige Personen.
R 3,4/HL 2,4	**Elisabeth**	Götz war zweimal verheiratet, beide Frauen hießen Dorothea.
R 3,6/HL 2,6	**Carl**	Götz hatte drei Töchter und sieben Söhne.
R 3,7/HL 2,7	**Bube**	Hier: Diener, Knappe, sonst auch: zuchtloser (unerzogener) Mensch
R 3,13/HL 2,13	**beider Rechte**	kirchliches (kanonisches) Recht und Zivilrecht
R 3,17/HL 2,17	**Lerse**	vgl. S. 79 f. dieser Erläuterung

R 3,20/HL 2,20	**Metzler, Link, Kohl**	historisch verbürgte Führer im Bauernkrieg; Sievers ist eine fiktive Gestalt.
R 3,25/HL 2,25	**heimliches Gericht**	Femegericht (heimliches Freigericht). Das übersteigert Geheimnisvolle entstammte der Phantasie des Dichters.
R 3,27/HL 2,27; R 100,28 ff./ HL 80,24	**Max Stumpf**	In Götz' *Lebens-Beschreibung* Marx Stumpff genannt, lehnte Führungsrolle bei den Bauern ab, da er im Dienst des Pfalzgrafen Ludwig von Heidelberg stand, während Götz ein freier Ritter war. Der Dialog R 94,35/HL 75,37 bis R 95,13/HL 76,16 entstammt weitgehend der *Lebens-Beschreibung*.
R 4,7 f./HL 2,38 f.	**Zigeunerhauptmann, Zigeuner, Zigeunerinnen**	Der Begriff wird heute im offiziellen Sprachgebrauch durch andere Begriffe ersetzt. In der Literatur hat er seine historische Berechtigung; Goethes Zigeuner sind schillernde Gestalten zwischen Aggressivität und Hilfsbereitschaft. Er kannte zu seiner Zeit den Begriff als Fremdbezeichnung für eine Bevölkerungsgruppe, der auffällige Eigenschaften zugeschrieben worden waren, durch Jakob Thomasius' *Curiöser Traktat von Zigeunern* (1702).

1. Akt

R 5,2/HL 3,1	**Schwarzenberg:**	Mehrere Ortsangaben (Nürnberg, Bamberg, Haslacher Wald, R 16,39/HL 12,41 bis R 17,6/HL 13,6) legen nahe, das Schloss Schwarzenberg der Grafen von Schwarzenberg bei Scheinfeld im fränkischen Steigerwald anzunehmen. Johann

		von Schwarzenberg war zu dieser Zeit Hofmeister des Bischofs von Bamberg.
R 5,2/HL 3,1	**in Franken**	Das Stück spielt in der Region Franken bis an den Rand Schwabens; sie umfasst den östlichen Teil des alten Herzogtums Franken, das bis weit westlich des Rheins reichte. Um 1500 gehörten die Regionen Heilbronn-Franken in Baden-Württemberg, und die fränkischen Bezirke in Bayern dazu. Im 15. Jahrhundert wollte ein Markgraf von Ansbach und Kulmbach das alte Herzogtum erneuern, scheiterte aber an den inzwischen erstarkten Städten, besonders Nürnberg.
R 5,19/HL 3,14	**auf'n Dienst lauert**	Das ordnungsgemäße Verhalten argwöhnisch beobachten, urspr.: aufpassen auf die Diener.
R 5,26 f./HL 3,20 f.	**kroch er zum Kreuz**	man gibt nach. In der Kirche musste der reuige Sünder zur Vergebung auf dem Bauch zum Kreuz kriechen.
R 5,32 f./HL 3,25 f.	**werfen sie ihm einen Buben nieder**	Vorgang der Gefangennahme des Buben stammt aus der *Lebens-Beschreibung* von Götz: Er erfuhr, „dass der Bub eingelegt worden", und schrieb an den Bischof, er sollte den Buben „wieder ledig lassen".[69]
R 6,7 f./HL 3,34	**ausgerieben**	frottiert (aus Götzens Autobiografie); hier auch: gestraft
R 6,13 f./HL 4,3	**despektierlich**	ohne Ehrfurcht, Respekt und Achtung; abfällig

69 Vgl. den Auszug aus der *Lebens-Beschreibung* bei Neuhaus, S. 97.

R 6,21 f./HL 4,10 f.	**Tausend Schwerenot**	Verwünschung eines Elends, auch: Schockschwerenot
R 7,6/HL 4,29	**ein gefunden Fressen**	eine günstige Möglichkeit, überraschender Glücksfall, zu dem man nichts hat beitragen müssen
R 8,11/HL 5,22	**Kürass**	von franz. cuir – Leder, Brustpanzer, zuerst aus Leder
R 10,19/HL 7,14 f.	**Dachsbach**	Ort bei Neustadt an der Aisch, Umgebung von Schwarzenberg
R 10,28/HL 7,24	**(Bringt's ihm)**	auf seine Gesundheit trinken, zutrinken
R 11,3 f./HL 7,35 f.	**Laboranten**	Kräutersammler für Arzneimittel
R 11,5/HL 7,37	**Erfurt**	1771 hieß es „Weißenfels“, nun Hinweis auf Luthers Augustinerkloster
R 11,16/HL 8,5	**Armut, Keuschheit und Gehorsam. Drei Gelübde**	die drei Mönchsgelübde, die Bruder Martin ablehnt, weil sie der menschlichen Natur widersprechen
R 14,10/HL 10,11	**Georg, Patron**	Märtyrer und Heiliger Georg wurde als Drachentöter und Ritter gefeiert. Da der Junge nach dem Heiligen benannt wurde, ist der sein Patron (Schutzheiliger).
R 16,7/HL 11,36	**Weck**	Weizenbrötchen
R 16,13/HL 11,42	**hundert Taler**	in Götz' Biografie ist von 100 Florin die Rede (305 Gulden). Taler ist in diesem Zusammenhang unhistorisch.
R 17,5/HL 12,27	**des Markgrafen**	Markgraf Friedrich IV. von Ansbach und Culmbach, Bruder des Kurfürsten Johann Cicero von Brandenburg
R 17,11/HL 12,33	**Türner**	wie „Turn“ die oberdt. Form zu „Turm“ und „Türmer“. „Turn“ stand auch im *Lied vom Herrn von Falkenstein*.

R 17,29 f./HL 13,7	**fünf Wölf in die Herd'**	das Gespräch folgt der Autobiografie. Das Wappen der Berlichingen zeigt einen Wolf mit einem Lamm im Rachen.
R 18,2/HL 13,14	**nistelten**	anhängen, nesteln, an jemanden heften
R 18,34/HL 14,3	**Pfalzgrafen**	Pfalzgraf Ludwig V., der Friedfertige (1478–1544), Kurfürst 1508–1544
R 21,33/HL 16,16	**Polacke**	Pole, bis zum Ende des 19. Jahrhunderts neutral gebraucht, danach Beleidigung
R 21,34/HL 16,16	**gepicht**	mit Pech abgedichtet, übertragen: schwarz glänzend. In der Autobiografie erzählt Götz, ein Pole habe sich das Haar mit Eiern „gebicht".
R 22,6 f./HL 16,23	**Castor und Pollux**	Dioskuren, unzertrennliches Zwillingspaar der griechischen Mythologie, als Söhne des Zeus unsterblich, auch: enge Freunde
R 22,27/HL 16,34	**Brabant**	Der historische Götz war in seiner Jugend in Brabant, einer Landschaft zwischen Maas und Schelde.
R 22,28 f./HL 17,1 f.	**Schlenzen und Schwerwenzen**	Schlendern und Scharwenzeln (aufdringlich beflissen sich um eine Person bemühen)
R 2,30/HL 17,3	**Vetteln**	unordentliche, alte Frau, abwertend für Frau allgemein
R 3,18/HL 17,25	**Erbfeindes**	Gemeint sind die Türken, erst im 19. Jahrhundert wurden die Franzosen so bezeichnet.
R 23,35 f./HL 17,41	**Pfannenflicker**	umherziehender Handwerker, der zerbrochenes Geschirr vorwiegend mit Drahtgeflechten reparierte oder Pfannen lötete

R 24,15/HL 18,12	**Landfrieden**	Er untersagte, auf eigene Faust sich Recht zu verschaffen; eine der Reformen Maximilians innerhalb einer umfassenden Reform der Reichsverfassung, beschlossen 1495 auf dem Reichstag in Worms: Der L. schaffte das Faustrecht ab, das Reichskammergericht, an dem später Goethe diente, wurde eingerichtet, um die Forderungen Einzelner zu prüfen. Der innere Zustand des Reiches besserte sich. Die Passage findet sich, leicht verändert, in der *Lebens-Beschreibung* des Götz und wird mit einer Anmerkung von Pistorius versehen, wo auf die Verkündigung des Landfriedens hingewiesen wird.[70]
R 25,10/HL 18,42 f.	**Explikation**	Darlegung, Erläuterung. Während Götz den Begriff richtig verwendet, verwechselt ihn kurz darauf der Abt mit „explicite" (ausdrücklich, R 27,1/HL 20,16).
R 25,23/HL 19,5	**Studieren jetzt ...**	Dass der Bischof das Gespräch zielstrebig auf das Rechtswesen bringt, hat einen historischen Hintergrund: Der Fürstbischof von Bamberg, Georg III. Schenk von Limpurg, hatte seinen Hofmeister Johann von Schwarzenberg beauftragt, die *Bamberger Halsgerichtsordnung* (1507) auszuarbeiten; es entstanden feste Regeln für Gerichtsverfahren. Darin schlugen sich die Rechtsauffassungen auch aus Bologna nieder; insgesamt war diese Rechtsordnung ein Fortschritt.

---

70 Vgl. Neuhaus, S. 96 f.

R 25,23 f./HL 19,5	**Bologna**	eine der ältesten europäischen und berühmte Universität seit dem 11. Jahrhundert, besonders auf juristischem Fachgebiet. Lehre nach dem Recht des Justinian.
R 26,19/HL 19,32	**Disputieren**	wissenschaftliches Streitgespräch, besonders verbreitet in der Reformation; Art der wissenschaftlichen Verteidigung
R 26,22 f./HL 20,3 f.	**Corpus Juris**	Sammlung römischer Gesetze durch den Kaiser Justinian, stammt aus den Jahren 528 bis 534. Bedeutendste Rechtssammlung und Grundlage des Rechts, bürgerte sich im 16. Jahrhundert ein, auch als Bestätigung des Gottesgnadentums.
R 26,24/HL 20,5	**Justinianus**	Justinian I. (527–565), bedeutender oströmischer Kaiser, seine Gesetzessammlung war eine Grundlage für alle folgenden Gesetzeswerke und von langfristigem Einfluss, besonders um 1500.
R 26,32/HL 20,12	**Glossen**	Kommentare, Auslegungen
R 26,36 ff./HL 20,16 ff.	**Implicite, explicite**	eingeschlossen, ausdrücklich. Der Abt verwechselt das von Olearius verwendete Fremdwort „explicite" mit „Explikation" (Erklärung).
R 27,9/HL 20,25	**Vaterland**	Gemeint ist das jeweilige Land, hier die Freie Stadt Frankfurt am Main, nicht Deutschland.
R 28,8/HL 21,12	**Beutelschneider**	Taschendieb, übertragen: Betrüger allgemein
R 28,11/HL 21,15	**Maximilians Krönung**	Maximilian I. wurde am 16. 2. 1486 in Frankfurt am Main zum römischen König gewählt; die Krönung fand am

		9. 4. 1586 in Aachen statt, 1493 folgte er seinem Vater auf den Thron. 1508 wurde er Kaiser des Heiligen Römischen Reiches Deutscher Nation.
R 28,30/HL 21,34	**Unschlitt**	Kerzen aus tierischem Eingeweidefett, Talglicht
R 29,18 ff./HL 22,14	**Der Kaiser …**	Obwohl es dem Bischof um die eigene Macht geht, entwirft er ein treffendes Bild von der Zerrissenheit des Reiches: Die Reichstagsbeschlüsse wurden nicht verwirklicht. Die historisch überholten Ritter führen Fehden um ihre Unabhängigkeit, die der Kaiser bekämpfen muss, weshalb er sich nicht um die Zentralmacht kümmern kann und die Territorialfürsten ihre eigene Politik betreiben lässt.
R 29,35/HL 22,29	**molestiert mich**	belästigt mich, stört, ärgert
R 30,32/HL 23,17	**Post coenam …**	Nach dem Essen soll man ruhn oder tausend Schritte tun. Gereimter Hexameter, alte Parodie auf eine Vorschrift der Salerner Schule (BA 7, 862). In der Bühnenbearbeitung von 1809 ins Deutsche übersetzt: „Nach der Tafel sollst du stehen oder tausend Schritte gehen." (BA 7, 419)
R 37,28/HL 28,29	**Sankt Veit**	Vitus ist einer der 14 Nothelfer, Märtyrerzeichen: ein Kessel. Wenn Weislingen nicht nach Bamberg will, auch wenn „Sankt Veit in Person" ihn begehre, spielt er auf die Veitspforte des Domes an, die den Bediensteten des Domherrn vorbehalten war.
R 37,32/HL 28,34	**Melancholie**	eines der vier Grundtemperamente nach antiker Lehre, geprägt von

		Schwermut und Trauer, Zurückhaltung und grüblerisches Versenken; von Dürer und Cranach gezeichnet, besonderes Interesse für M. durch die physiognomische Wissenschaft um 1770 (Lavater)

2. Akt

R 38,7/HL 29,3	**Cupido**	Liebesgott, auch: Amor, Eros; Sohn der Aphrodite
R 38,9 f./HL 29,5 f.	**mutilich, männilich**	nur scheinbar alte Prägungen für „mutig" und „männlich", von Goethe geschaffen; oft satirisch eingesetzt, wie auch hier durch Liebetraut
R 39,1/HL 29,38	**Probierstein**	Münzen und Metallgegenstände wurden mit einem harten schwarzen Kiesel auf ihre Härte und Echtheit geprüft; bei Goethe mehrfach bildlich gebraucht.
R 39,21/HL 30,12	**in usum Delphini**	„zum Gebrauch des Dauphins" (französischer Thronfolger); die Wendung ist anachronistisch, denn erst Ludwig XIV. ließ von Obszönitäten gereinigte Klassikerausgaben für den Dauphin herstellen.
R 40,24/HL 30,36	**Weisling**	Kleiner Süßwasserfisch, hier auf Weislingen angewendet, der sich, einmal an der Angel, nicht mehr losreißen kann. Weislingen wird mehrfach mit Tieren in Verbindung gebracht: Man soll mit ihm „im Ton einer Wachtelpfeife" (R 40,11/HL 30,38) sprechen, später wird er wie eine „Schnepfe" gefangen (R 43,4/HL 33,5) oder von Sickingen als „Weißfisch" (R 61,17/HL 48,17) bezeichnet.

R 42,30/HL 32,34	**Hörner von deinem Weibe**	Ein betrogener Ehemann bekam, so sagte der Volksmund, von seiner Frau Hörner aufgesetzt, jemandem Hörner aufsetzen.
R 47,11 f./HL 36,20 f.	**Teuerdank**	Zeitgenössisches Rittergedicht (Ritterroman), das von Kaiser Maximilian angeregt und teilweise auch geschrieben wurde, 1517 gedruckt. Es behandelt Maximilians Brautwerbung um Maria von Burgund. Adelheid, auf moderne fürstliche Territorialherrschaft orientiert, betrachtet ritterliches Verhalten und damit auch ritterliche Literatur als überholt.
R 47,19/HL 36,28	**Strafe der Acht**	Reichsacht wurde vom Kaiser ausgesprochen, der Betroffene durfte straffrei getötet werden.
R 47,22/HL 36,31	**Rübezahl**	Die Sagengestalt aus dem Riesengebirge kannte Goethe aus der *Dämonologie Rubenzahlii* von Johannes Prätorius.
R 50,24/HL 39,9	**einen schlechten**	einen schlichten; Bedeutungswandel des Wortes beginnt und wird in R 50,25/HL 39,10 ausgewiesen: „schlechter" bedeutet hier „schlimmer, böser".
R 52,8/HL 40,19	**Antistrophe**	Stammt aus dem griechischen Chor: parallel gebaute Gegenstrophe zu einer ersten Strophe; hier: Entgegnung Adelheids in der gleichen Art, wie sie Weislingen vorgibt.
R 52,16/HL 40,24	**Phönix**	sagenhafter Vogel, der beim Verbrennen immer neu und jung aus der Asche steigt

R 53,28/HL 41,28 f.	**Reichstag zu Augsburg**	Reichstag zu Augsburg vom Juni bis zum Oktober 1518; mehrere Pläne des Kaisers scheiterten (Erbfolge, Kreuzzug). Vom 12. bis 14. Oktober wurde Luther, der der Ketzerei angeklagt worden war, auf dem Reichstag von dem päpstlichen Legaten Kardinal Thomas Cajetan de Vio verhört.
R 54,12/HL 42,3 f.	**aufs Küssen**	im übertragenen Sinne das Sargkissen bzw. das Kissen auf dem Block beim Köpfen; drückt Drohung aus.
R 55,2/HL 42,24	**Perucken**	Eine Pars pro Toto-Figur, der Teil für das Ganze: die Perücke für den Richterstand. Allerdings wurde die Perücke als Standesmerkmal erst im Frankreich des 17. Jahrhunderts eingeführt, gehört hier zu den zahlreichen Anachronismen.
R 55,4/HL 42,26; R 55,25/HL 43,11	**Sapupi**	Anagramm aus Papius, latinisiert Johann Hermann Franz von Pape (1717–1793), einem Reichskammergerichtsassessor in Wetzlar, der 1771 suspendiert und 1774 wegen Korruption entlassen wurde. Als Goethe in Wetzlar tätig war, lief der Prozess gegen ihn.
R 55,17/HL 43,3	**Kaiserliche Visitationen**	Selbitz weist auf die kaiserlichen Kontrollbesuche bei den Gerichten hin, die auch von Beamten des Kaisers wahrgenommen werden konnten.
R 55,19/HL 43,5	**Blechen**	Geld in der Gaunersprache; abgeleitet „blechen" (bezahlen)
R 55,28/HL 43,14	**Gartenhaus**	1756 erwarb Pape das nach ihm benannte Palais Papius in Wetzlar, das er beträchtlich umbaute und erweiterte.

R 56,9/HL 43,31	**Speyer**	Speyer war zur Zeit Götz' Sitz des Reichskammergerichts (1513–1689).
R 56,9 f./ HL 43,31	**Visitationszeit**	Jährlich wiederkehrende Untersuchungszeit durch kaiserliche Beamte, bei der Klagen vorgetragen werden konnten. Allerdings lagerten die Akten meist unbearbeitet über Jahrzehnte.
R 56,24/HL 44,2	**Mühlbach**	Ortschaft in Unterfranken, Beerheim ist fiktiv.
R 56,28/HL 44,6	**Nacht-Ims**	Nacht-Imbiss

3. Akt

R 57,18/HL 45,14	**Grillen**	wunderliche Einfälle
R 57,26/HL 45,19 f.	**Frankfurter Mess**	zu dieser Zeit und bis zum 18. Jahrhundert die wichtigste deutsche Messe von europäischer Bedeutung.
R 58,5/HL 45,29	**Pfeffersack**	Pfeffer war das wichtigste und damit teuerste internationale Gewürz, Salz das wichtigste nationale; auch Kaufleute wurden oft Pfeffersäcke genannt.
R 58,6/HL 45,30	**das ganze Reich aufmahnen**	das Reichsheer zusammenrufen; die Reichsexekution gegen Götz ist ein solcher Vorgang.
R 58,14 f./HL 46,2 f.	**Köpfe der Hydra**	neunköpfiges Untier (Seeschlange), von Herakles als eine seiner zwölf Arbeiten erschlagen. Sie konnte nur getötet werden, wenn ihr nach dem Abschlagen eines Kopfes, dem zwei nachwuchsen, der zugehörige Stumpf ausgebrannt wurde.
R 58,23/HL 46,10	**Schwaben**	Die Handlung geschieht hauptsächlich in Franken, tangiert aber auch Schwaben, besonders durch

		den Bauernkrieg und mit dem Schwäbischen Bund (vgl. Erläuterung zu R 103,8/HL 83,5). Das mittelalterliche Herzogtum Schwaben reichte über Baden-Württemberg bis nach Frankreich und in die Schweiz.
R 59,18/HL 46,39	**Urfehde schwören**	Eid ablegen, auf alle Kämpfe zu verzichten; ursprüngl: uz-vede = Ausfehde
R 59,19/HL 46,40	**Bann**	Territorium, in dem die Gerichtsbarkeit des Grundherrn gilt und er sich als der Reichsacht Verfallener bewegen darf.
R 60,18/HL 47,24	**Reichsexekution**	Seit dem Reichstag 1495 zu Worms Reichstruppe gegen auf eigene Faust kämpfende Ritter, zur Bestrafung derselben eingesetzt.
R 62,26/HL 49,21; R 64,21/HL 41,5	**Conrad Schotten**	Conrad Schott von Schottenstein, gest. 1526. Altes reichsfränkisches Rittergeschlecht, wegen seiner Raubzüge und Grausamkeiten als „Seellos Mann“ bekannt und mit zahlreichen Legenden versehen. Lernte Götz schon früh kennen, zunächst Freunde. 1517 verkaufte er seine Burg Hornberg an Götz, der an der Seite des Pfalzgrafen gegen K(C)onrad zog. Götz schilderte den Vorgang in seiner *Lebens-Beschreibung*.
64,21 f./HL	**Haßfurth**	Stadt am Main
R 64,34 f./HL 51,18	**Hand in die Kohlen geschlagen**	sich die Finger verbrennen (aus der Autobiografie des Götz; er verwendet die Formulierung mehrfach)
R 67,15 f./HL 53,12	**Memme**	Feigling, Waschlappen, ursprünglich: Mutterbrust, im übertragenen Sinn: ein weibischer Mann

R 68,14/HL 54,2	**Feldscher**	Wundarzt
R 69,4	**Detaschement**	Detachement, franz.: kleinere Truppeneinheit, herausgelöst aus einer größeren, zur Lösung einer bestimmten Aufgabe (in HL 54,14 steht „Haufen“)
R 70,23/HL 56,1	**Wartturn**	Auf der Bühne schwer oder nicht darstellbare Ereignisse (Kämpfe) werden durch eine sogenannte Mauerschau (Teichoskopie) vermittelt: Die Ereignisse werden erzählt. Das Verfahren stammt von Homer (*Ilias*), wurde von Shakespeare, Schiller, Kleist und anderen im Zusammenhang mit Schlachtschilderungen verwendet. Von der „Warte (R 70,27/HL 56,3) soll dem verwundeten Selbitz das Gefecht geschildert werden. Eine ähnliche kürzere Szene vgl. R 76,31 ff./HL 61,13 ff.
R 71,33/HL 56,39	**Fähndrich**	Fähnrich (niedrigster Offiziersrang oder Offiziersanwärter), Fahnenträger, um den sich im Kampf die Truppe (das Fähnlein, vgl. R 75,11/HL 59,22)) sammelte. Der Besitz der Fahne war kampfentscheidend.
R 72,34/HL 57,32	**Strauß**	Kampf, Gefecht, Auseinandersetzung
R 73,17/HL 58,6	**nach Weilern**	fiktiver Ort in der Nähe von Götz' Burg Jagsthausen
R 77,16 f./HL 61,12	**er kann mich im Arsch lecken**	An dieser Stelle stehen in späteren Ausgaben und in der *Ausgabe letzter Hand* Striche; der Ausspruch wurde zum bekanntesten deutschen Zitat. Das Zitat stammt aus der Lebenbeschreibung Götz'.

R 81,19 f./HL 64,31	**von Wölfen säubern**	Die Voraussetzung für „die allgemeine Glückseligkeit" wäre: „Wir wollten die Gebürge von Wölfen säubern ..." (R 81,19/HL 64,31) und gegen andere „Wölfe die Türken" (R 81,24/HL 64,36) ziehen. Der Wolf ist eine wichtige Metapher des Stückes. Er gehört in Götz' Wappen und wird von ihm oft genug beschworen, als Beispiel des Kampfeswillens („Ein Wolf ist einer ganzen Herde Schafe zu viel." R 62,21/HL 49,16). Weislingen betrachtet Götz' Beziehung zu den Fürsten wie die des Wolfes zu den Hirten (R 23,12 f./HL 17,19) usw.
R 81,23/HL 64,34	**Cherubs**	in anderen Ausgaben der Plural „Cherubim", Engel als himmlischer Paradies-Wächter, Mischwesen mit Tierkörper, vgl. Altes Testament 1. Mose 3,24

4. Akt

R 84,4 f./HL 67,1	**Kapuziner**	Bettelmönch, Name nach der spitzen Kapuze
R 84,5/HL 67,2	**in einen Sack**	Volksglaube, man könne Geister in Säcke bannen und fortschaffen; in der Autobiografie sollte der Sack „an der ödesten Gegend" abgelegt werden; findet sich in elsässischen Sagen, auch in internationalen Märchen.
R 84,19/HL 67,14	**die deputierten Räte**	Kaiserliche Räte (R 85,14/HL 68,3), die der Kaiser abgeordnet hatte
R 85,4/HL 67,30	**Kehrig**	Kehricht, Gekehrtes; von kehren
R 85,22/HL 68,10	**Weinschröter**	derbe, kräftige Fuhrleute, die Weinfässer transportieren
R 88,8/HL 70,18	**Konterfei**	Abbild, Bildnis

R 88,23/HL 70,26	**Wehren**	Schwerter
R 88,26/HL 70,32	**ungrischer Ochs**	Gemeint sind sicher ungarische Ochsen, die als besonders stark galten.
R 89,23/HL 71,20	**Schlag**	Stadttor, (Schlagbaum)
R 90,1/HL 71,31	**Gerechtsame vergeben**	auf die rechtlichen Befugnisse verzichten
R 91,8/HL 72,24	**Terminei**	die eigene Grenze, Bezirk der Gerichtsbarkeit, entspricht: Bann
R 91,31/HL 73,10	**Schwager eines Kurfürsten**	Dass Sickingen der Schwager von Götz war, ist eine Fiktion Goethes, möglicherweise ein Irrtum. – Sickingen führte 1522 den Aufstand der Reichsritter an, durch den er hoffte, eine Adelsdemokratie zu schaffen und Kurfürst zu werden. Der Aufstand begann mit Angriffen auf das Kurfürstentum Trier und endete mit Sickingens Tod 1523.
R 92,15/HL 73,29	**Adelheidens Schloss**	irrtümlich aus dem *Urgötz* übernommen; später wird deutlich, dass Adelheid und Weislingen in Augsburg am „Hofe" sind (R 93,31/HL 74,43).
R 93,14 ff./ HL 74,23	**Karl**	Maximilians Enkel Karl V., geb. 1500, seit 1516 spanischer König (Karl I.), Herr über Burgund und über die amerikanischen Kolonien, seit 1519 deutscher Kaiser, kam erst 1520 nach Deutschland.
R 93,22 f./ HL 74,32 f.	**Karls ungewöhnliche Aufmerksamkeit**	Diese Beziehung zu Karl, dem Thronfolger, ist fiktiv und für die Fassung von 1773 neu. Sie ersetzt die weitaus intensiver dargestellte Liebe zu Franz von Sickingen, die restlos gestrichen wird. Adelheids Beziehung ist mit

		ihrem politischen Anspruch auf die höhere königlich-kaiserliche Ebene gehoben worden.
R 95,33/HL 76,23 f.	**Nachkommenschaft**	in der Bedeutung: Nachwelt
R 96,6 ff./HL 76,32	**Da waren …**	nicht wörtlich aus Götz' *Lebens-Beschreibung*, sondern das vorletzte Kapitel zusammenfassend.
R 96,6 f./HL 76,32 f.	**Bündische**	Angehörige des Schwäbischen Bundes
R 96,16 f. /HL 77,6 f.	**Miltenberg, Singlingen**	Orte im Odenwald und an der Jagst, vielleicht aber auch nur fiktive Adelsgeschlechter

5. Akt

R 98,2/HL 79, 1	**Bauernkrieg**	Hinter der Beschreibung der grausamen Taten der Bauernführer treten die Gründe für den Bauernkrieg deutlich gegenüber dem *Urgötz* zurück. Die Eroberung Weinbergs durch die Bauern (16. 4. 1525) wird berichtet (R 98,21 ff./HL 79,1 ff.), die Bauern werden ins Unrecht gesetzt, um Götz aufzuwerten.
R 98,19 f./HL 79,11	**Kehraus**	scherzhaft für: letzter Tanz; die langen Kleider der Frauen „kehrten" den Boden.
R 98,26/HL 79,17	**Dietrich von Weiler**	Den Vorgang übernahm Goethe aus einer Anmerkung Pistorius' zu Götz' *Lebens-Beschreibung*.
R 98,29/HL 79,20	**Wetter**	wie der Blitz
R 99,2/HL 79,24	**trenteln**	trödeln
R 99,5 ff./HL 79,27	**Helfenstein**	Im *Urgötz* gab es die Helfenstein-Szene (BA 7, 114 ff.), die gestrichen

		wurde. Otten von Helfenstein (richtig: Ludwig von Helfenstein) war mit einer unehelichen Tochter Maximilians I. verheiratet.
R 99,6/HL 79,27 f.	**Eltershofen**	Unter den bei Weinsberg von den Bauern gefangenen Adligen befand sich ein Rudolf Nagel von Eltershofen.
R 99,36/HL 80,22	**schwürig**	aufrührerisch, wie ein „Geschwür"
R 100,21/HL 80,42	**rauchen**	rauhen (alte Schreibung), Pelze nennt man auch „Rauchware" (mit Haaren bewachsen).
R 101,23/HL 81,30	**Sattelhenkens Zeit**	Zeit, den Sattel an den Nagel zu hängen, von Götz' *Lebens-Beschreibung* übernommen.
R 103,8/HL 83,5	**der ganze Bund**	Der Schwäbische Bund wurde 1488 auf dem Reichstag in Esslingen als Zusammenschluss der schwäbischen Reichsstände gegründet. Er war das Instrument der Reichsreform, kämpfte rücksichtslos gegen die aufständischen Bauern und besiegte sie.
R 107,13/HL 86,13	**geheischen**	gebettelt
R 107,21/HL 86,20	**den wilden Jäger**	Umschreibung des germanischen Gottes Wotan, der mit einem Totenheer auf die Jagd zog
R 108,1 f./HL 86,31	**Zunder**	trockener Baumschwamm, der zum Feuermachen diente.
R 108,21/HL 87,14	**Blutwurzel**	blutstillende Wurzel (tormentilla erecta)
R 111,15/HL 89,25	**unerhörten Exekutionen**	Die aufständischen Bauern wurden grausam und bestialisch hingerichtet und ermordet. Außerdem presste man einen hohen Schadenersatz aus den Hinterbliebenen.

R 111,16/HL 89,26	**gerädert**	Dem Verurteilten wurde der Körper mit einem Rad zerquetscht.
R 111,17/HL 89,27	**geviertelt**	gevierteilt; ein Verurteilter wurde von Pferden in vier Teile zerrissen.
R 111,18/HL 89,27	**Metzge**	Metzgerei, Fleischerei, Schlachthaus; die Schilderung korrespondiert mit dem Namen Metzlers.
R 115,2/HL 92,18	**heimliches Gericht**	Goethe war durch seine Studien mit dem Femegericht vertraut; aber die Bräuche im Stück entsprechen nicht den historischen Tatsachen, sondern sind ein Phantasieprodukt. Die Feme verhandelte am Tage, ohne Vermummung und unter freiem Himmel. Sie lud den Beklagten vor, richtete Schuldige ausschließlich durch den Strang hin und schloss Frauen von ihrer Gerichtsbarkeit aus.
R 118,19 f./ HL 95,14 f.	**Meine Wurzeln sind abgehauen**	Bis zuletzt wird das Verfahren beibehalten, Zitate aus der Bibel einzubauen. Vgl. Neues Testament, Matthäus-Evangelium 3,10, zuvor schon 117,8 f./HL 94,14 (Mark. 14,41) und R 118,1/HL 94,34 (Ps. 32,4).

3.6 Stil und Sprache

ZUSAMMEN-FASSUNG

- → Bei der Sprachgestaltung war Shakespeare das Vorbild.
- → Das Schauspiel ist stofflich und sprachlich Ausdruck der Interessen Goethes für das späte Mittelalter, für Luther und die Bibel sowie für die frühe Neuzeit.
- → Die Sprache der Hauptfigur (die chronikartigen Formulierungen) wird großteils aus der originalen Biografie bezogen.
- → Den Kontrast dazu bildet die höfische Sprache, die mit Fremdwörtern angereichert ist.
- → Die Sprache dient auch der Unterscheidung sozialer Gruppen und Schichten.
- → Berühmt wurde das Stück auch durch Zitate.

Shakespeare als Pate

Shakespeare hat bei der Sprachgestaltung Pate gestanden; die Bilder des jungen Goethe waren für ihre Zeit so kühn, dass manche von ihnen in der Überarbeitung verschwanden: Der Satz des Bauernführers Metzler„(...) ich kann euch nicht sagen, wie mir war! Als hätt‘ ich die Sonn in meiner Hand und könnte Ball mit spielen.“ (BA 7, 115) nimmt mit der gigantischen Metapher Georg Büchners *Woyzeck* vorweg. Der Satz wurde zusammen mit der Helfenstein-Szene (5. Aufzug, Nacht; BA 7, 114–118) gestrichen, aus der er stammte.

Freie Rede statt Alexandriner

Zu Goethes **Bruch mit dem klassizistischen Vorbild** der Franzosen und Gottsched gehörte, die Sprache rigoros aus ihren rhythmischen Bindungen zu lösen und statt des bisher üblichen Alexandriners die freie Rede zu verwenden.

Das Schauspiel ist nicht nur stofflich, sondern auch sprachlich Widerspieglung von Goethes Beschäftigung mit dem späten Mittelalter, Luther und früher Neuzeit. Der *Götz* entstand neben den Anfängen zum *Faust* und Goethes Huldigung an den Nürnberger Meistersinger Hans Sachs. Goethe bemühte sich um die Sprache der Zeit des Bauernkriegs, deshalb mutet die Sprache des Stückes über Strecken altertümlich an (vgl. S. 109 der vorliegenden Erläuterung).

Sprache der Zeit des Bauernkriegs

Mit der Sprache weist Goethe die Zeit aus, in der das Stück spielt, charakterisiert zugleich aber auch die Gestalten. Besonders Götz bekommt zahlreiche altertümliche, chronikartige Formulierungen zugeordnet, die aus der originalen *Lebens-Beschreibung* des Ritters stammen. Hinzu kommen Zitate, Anspielungen und variierte Übernahmen aus der Lutherbibel (R 10,11; 11,34 f.; 13,9; 13,35 ff.; 29,24; 37,11 usw./HL 7,6; 8,21; 9,20; 10,2 ff.; 22,19; 28,14). Im Kontrast dazu steht die höfische Sprache, die mit Fremdwörtern aus dem Lateinischen und anderen Sprachen angereichert ist, mit denen die Sprecher die Inhaltslosigkeit ihrer Rede überdecken wollen und mitunter Fremdwörter falsch verwenden (R 26,36 ff./HL 20,16 ff.). Angemerkt werden muss, dass zur Zeit der Entstehung des Stücks die Verwendung des Französischen durchweg alltäglich war, wie Goethes Briefe belegen. Dass einige Passagen „weder besonders verknappt und atemlos noch besonders derb und brutal“ sind, darf nicht zur Feststellung verleiten, die Sprache sei „überhaupt nicht archaisch“, sondern „zeitgenössische Umgangssprache“[71], wie der Goethe-Biograf Nicholas Boyle behauptet: Das ist weder semantisch noch morphologisch der Fall. Vielmehr hätte auffallen müssen, dass diese Szenen private Alltagsszenen zwischen Götz und Elisabeth sind, die den historischen

Chronikartige Formulierungen

Bibel-Zitate

Höfische Sprache mit Fremdwörtern

71 Boyle, S. 148.

dramatischen Verlauf konterkarieren (R 77,20 ff./HL 61,14 ff.). An einigen wenigen Stellen des Stücks klingt **Goethes heimatlicher Dialekt** an: Wenn der Hauptmann einen Ritter fragt: „Habt Ihr ein paar Zinken abgerennt?“ (R 68,5 f./HL 53,27 f.), steht „Zinken“ für die Ende des Hirschgeweihs; „abgerennt“ (im Sinne von „abgebrochen“ und nicht „weggerannt“) kommt aus dem Frankfurter Dialekt.

Zwei Gruppen

Grundsätzlich stehen sich im *Götz* zwei Gruppen gegenüber:

→ Einerseits sprechen alle Höflingen am Bamberger Hof, aber auch der Kaiser und der Bruder Martin hochdeutsch, fügen literarisierende Elemente ein und verfügen über Metaphern.
→ Andererseits sprechen Götz und seine Anhänger, aber auch die sozial tiefer stehenden Schichten (Bauern, Zigeuner) mehr oder weniger fränkische (oberdeutsche) Mundart, die sie mit Redensarten oder bildhaften Wendungen anreichern.

Die Sprache wurde im *Götz* auch für die Beschreibung sozialer Schichtungen genutzt:

Kaiser, Bischof, Höflinge	hochdeutsch, versetzt mit Fremd- und Fachwörtern
Jurist Olearius	professorale Kathedersprache mit Formeln
bambergische Reiter	Sprache im Befehlsstil
Götz und die Seinen, Ritter	mäßig oberdeutsch, beherrschen aber auch in der Anrede den Kanzleistil wie „Ihro Majestät“
Adelheid	hochdeutsch, bildhaft, literarisierte Sprache mit Weisheiten („Schneidersfrau“ R 52,9 f./HL 40,15), Einsatz von Metaphern wie den „übereinander gewälzten Bergen“ (R 52,29/HL 40,38) – zwei riesige Zwillinge der griechischen Mythologie wollten Berge aufeinandertürmen, um den Himmel zu erreichen –, und sie weiß mit ihnen umzugehen.

Carl von Berlichingen, Kind	spricht kindgemäß, in Diminutiven (Verkleinerungen)
Maria	Hochdeutsch, frommer Wortschatz, Märchenelemente, gebetsartige Versatzstücke
Kaiserliche Räte in Heilbronn	Amtssprache der Kanzleien mit Floskeln
Franz	überschwängliche emphatische Sprache mit bildhaften Elementen, abgeleitet aus dem höfischen Leben
Bruder Martin	Sprache der Lutherbibel, Gebetsstil
Bauern, Handwerker	stark oberdeutsch
Zigeuner	stark oberdt. mit umgangssprachlichen Reduktionen (Pronomen)

Mittel zur Figurencharakterisierung

Die Sprache wurde Goethes entscheidendes Mittel, um die Figuren zu unterscheiden. Beispiel: Die **Vertreter des Hofes** verwenden Bildungs-Versatzstücke (Corpus juris, R 26,22 f./HL 20,3 f.), sinnentleerte Kommers-Sprüche („Ein trefflicher Herr! Er soll leben!" R 26,25/HL 20,6) und sprechen manieriert und gekünstelt, setzen Fremdwörter und idiomatische Wendungen, auch aus dem Kommers, ein („Ich werd's zu rühmen wissen." R 27,8/HL 20,24), die Rituale, wie die Ehrerbietung in akademischen Kreisen, begleiten. Unter den sprachlichen Bereichen bei Hofe fallen besonders die juristischen Fachausdrücke auf, auch die Versatzstücke einer starren Kanzleisprache; beides geht auf Goethes Studien und, die Fassung von 1773 betreffend, auf seinen Aufenthalt am Reichskammergericht in Wetzlar zurück.

Neben Gruppen stattete Goethe auch Einzelfiguren sorgfältig mit einem sprachlichen Charakter aus. **Maria**, die Schwester Götz', verwendet deutlich christliches Vokabular, geprägt von Nächstenliebe und einer tätigen Frömmigkeit im Sinne Luthers. Diese wiederum versucht sie an **Carl**, den Sohn Götz', weiterzugeben, bei dem das Vokabular sich kindlich vereinfacht wiederfindet und Folgen hat: Carl wird im Kloster erzogen.

Berühmtes Götz-Zitat

Das Stück wurde auch berühmt durch ein Zitat, das in den einzelnen Fassungen unterschiedlich ausgewiesen wird. Vollständig findet es sich im *Urgötz*: „Vor Ihro Kaiserlichen Majestät hab ich, wie immer, schuldigen Respekt. Er aber, sag's ihm, er kann mich im Arsch lecken." (BA 7, 87)

Neben der semantischen und grammatischen ist auch die **lautliche Sprachgestaltung der Zeit des Bauernkrieges angepasst** worden. Es finden sich Wörter wie oberdt. „Turn" (statt „Turm"), „nit" statt „nicht", „stund" statt „stand" (im Volkslied „lahn" statt „lassen"), „deucht" statt „dünkt" (im Volkslied „dörft" statt „dürfte"): Das weist auf Texte des 16. Jahrhunderts hin, vor allem auf Luther; diese Formen sind mundartlich noch vorhanden.

Unterschiede der zitierten Ausgaben

Die erste zitierte Ausgabe *Götz von Berlichingen mit der eisernen Hand. Ein Schauspiel*. Stuttgart: Philipp Reclam jun., durchgesehene Ausgabe 2002, 2012 (RUB Nr. 71) geht auf die Erstausgabe von 1773 zurück, benutzt deren Lautstand allerdings in Auswahl, u. a. auch für heute nicht mehr aktuelle Formen, und ist dadurch inkonsequent: So steht zu Beginn „Zwei Reutersknechte beim Feuer." (R 5,4 f.), tatsächlich aber müsste es heißen: „Zwey Reutersknechte (beym Feuer.)"[72] Die Lösung verwirrt, da sie teilweise auch auf strukturierende Satzzeichen wie zahlreiche Kommata der Ausgabe letzter

---

72 Vgl. Eibl u. a.: *Der junge Goethe*, Bd. 1, S. 233.

Hand verzichtet, die Fassung ist für die Betrachtung des Sprachstandes irritierend.[73] Die zweite zitierte Ausgabe Johann Wolfgang von Goethe: *Götz von Berlichingen mit der eisernen Hand. Ein Schauspiel.* Husum/Nordsee: Hamburger Lesehefte Verlag, 2011 (9. Hamburger Leseheft) geht, wie auch die Ausgaben bei Reclam vor 2002, auf die Ausgabe letzter Hand der Werke Goethes zurück, die für alle repräsentativen Ausgaben (Hamburger Ausgabe, Berliner Ausgabe) gültig ist.

Archaisierende Sprache in Volksszenen

Die **Verkürzungen der Endungen der finiten Verbformen** (richt – richtet, käm – käme), Synkopen (Auslassung eines unbetonten Vokals zwischen Konsonanten im Wortinnern) und Elisionen (Auslassung eines auslautenden Vokals, vorwiegend des e) wie „kürzern" statt „kürzeren", „Red und Antwort" statt „Rede und Antwort" zeichnen die Sprache aus: „G'leit" statt „Geleit", „denk'" statt „denke", „auf'm Schloss" statt „auf dem Schloss" usw. Der Artikel entfällt häufig auch völlig („an Kopf", R 9,8/HL 6,14; „in Weg", R 74,13/HL 58,29). Diese, vorwiegend archaisierend wirkenden Erscheinungen finden sich durchgehend und bevorzugt in den Volksszenen, bei den einfachen Menschen wie Bauern und Reitern sowie auch bei Götz.

73 In dieser Erläuterung werden die in der Reclam-Ausgabe fehlenden Kommata in Klammern ergänzt.

3.7 Interpretationsansätze

ZUSAMMEN-FASSUNG

Formale Aspekte:

→ Neuartige formale Struktur: Titel des Stücks und fehlende rechte Hand als Sinnbild, nationales Geschichtsdrama und „Schauspiel“, Vielzahl der Figuren, Adelheid-Szenen, Exposition

→ Der Einfluss Shakespeares und die Ablösung der aristotelischen Dreieinheit

Inhaltliche Aspekte:

→ Die Veränderungen in beiden Fassungen und die neue Gestalt des 5. Aktes

→ Unterschied zwischen Götzens dramatischer und historischer Rolle: moralisch überlegen, aber historisch überholt

Formale Neuerungen

Das Stück war nicht das erste Drama des Sturm und Drang – Heinrich Wilhelm von Gerstenbergs *Ugolino* (1768) erschien früher –, aber es wurde zum herausragenden Beispiel dieser Dramatik. Ein erster Interpretationsansatz widmet sich deshalb den formalen Neuerungen.

Der „beschädigte“ Held

Der **Titel** *Götz von Berlichingen mit der eisernen Hand* weist zuerst auf nationalgeschichtliche Traditionen: Götz wurde 1480 auf der Burg Jagsthausen, dem Stammschloss seines Geschlechts, geboren. Im Landshuter Erbfolgekrieg verlor er seine rechte Hand (R 13,20/HL 9,29 f.), die durch eine künstliche aus Eisen ersetzt wurde. Er führte zahlreiche Fehden auf eigene Rechnung in Raubrittermanier. Er saß in Haft, führte 1525 kurze Zeit ein Bauernheer im Bauernkrieg, von dem er sich aber trennte, als die Schlacht mit dem Schwäbischen Bund bevorstand. Der historische Götz starb 1562. Der Titel bringt aber auch eine Irritation ein: Der nationale Held Götz ist ein beschädigter, verletzter Held, zuvor ein nahezu undenkbares Motiv in der Dramatik, aber bereits bei Shakespeare zu finden (*Richard III.*). Götz fehlt die rechte Hand. Die Tatsache wird zur sprachlichen Wendung, mit der im Stück häufig Personen charakterisiert werden: Weislingen als des „Bischofs rechte Hand" (R 5,18/HL 3,13), Götzens eiserne „Rechte … ist gegen den Druck der Liebe unempfindlich" (R 13,5 f./HL 9,16 f.); Carl lernt die Geschichte vom Heiligen, der „mit der Hand – es war die rechte" (R 15,17/HL 11,10) heilen konnte. Die rechte Hand ist Sinnbild der Verständigung und menschlicher Liebe; mit seiner eisernen Hand bekommt Götz einen unmenschlichen Zug.

Die fehlende Rechte als Sinnbild

Goethes Genrehinweis „Schauspiel" in der Umarbeitung setzt sich von der „Geschichte" des *Urgötz* ab, die in erster Linie episch und eine dramatisierte *Lebens-Beschreibung* war. Goethe hielt die erste Fassung für einen Entwurf. In dem Stück „ist der tragische Gegensatz des Rittertums gegen Kaiser und Fürsten in seiner adäquaten Form vorhanden, und darum hat Goethe mit Recht ihn zum Helden gemacht"[74]. Aber Götzens Untergang ist wie der aller anderen Personen nicht durch tragische Konflikte bestimmt. Seine Vorstellungen von Freiheit sind historisch überholt und lassen ihn einem Don Quichotte ähnlich werden. Allein seine hohen moralischen Ansprüche verdecken seine historische Rückständigkeit (dazu unten mehr). Aber der Begriff **„Schauspiel"** ist **bürgerlich** akzentuiert, Lessing hatte das „bürgerliche Trauerspiel" (*Miss Sara Sampson*, 1755; *Emilia Galotti*, 1772) im Gegensatz zur Tragödie geschaffen. Oper und Tragödie blieben hohen, das Lustspiel sozial niederen

Von der „Geschichte" zum „Schauspiel"

Ähnlichkeit mit Don Quichotte

---

74 Marx: Brief an Ferdinand Lassalle vom 19. April 1859, *Die Sickingen-Debatte*, S. 180.

Figuren vorbehalten. Der junge Goethe verwendete diese „Ständeklausel“ nicht mehr, Bürger traten gleichberechtigt neben den Adel. Er ließ auch andere Schichten auftreten, wobei ihn besonders die unteren Schichten interessierten. Der *Urgötz* und die ersten Drucke der zweiten Fassung 1773 und 1774 hatten noch kein **Personenverzeichnis**. Als Goethe 1787 das Stück in seine *Schriften* bei Göschen aufnahm, war das berühmte Zitat („Er kann mich –“) und anderes beseitigt worden, aber ein Personenverzeichnis hinzugekommen. Es ist für die damalige Zeit schockierend umfangreich. In der Regel agierten sieben bis zehn Personen auf der Bühne, bei Goethe wurden zwei Dutzend namentlich genannt, mehrere Dutzend finden sich in den verschiedenen sozialen Gruppen (Bauern, Zigeuner, Bürger) und militärischen Einheiten. Das Verzeichnis vermerkt historische Personen (Maximilian, Götz, Selbitz, Sickingen) und fiktive (Weislingen, Adelheid) oder mindestens halbfiktive (Bischof von Bamberg ist Georg III. Schenk von Limpurg; historisch ist seine Fehde wegen eines gefangenen Reiters). Einigen historischen Personen gab Goethe andere Namen: Götz war zweimal verheiratet, beide Frauen hießen Dorothea, nicht Elisabeth; neben historischen Bauernführern wie Metzler und Link erfand Goethe weitere (Sievers, Wild). Fiktive Gestalten bekamen Namen authentischer Gestalten: Bruder Martin trägt den Tauf- und Klosternamen Martin Luthers, Lerse den Namen von Goethes Freund aus der Straßburger Zeit. Olearius, der latinisierte Öhlschläger oder Öhlmann, hatte sich einen verbreiteten Wissenschaftlernamen des 17. Jahrhunderts geschaffen.

Umfangreiches Personenverzeichnis als Neuerung

Die **Handlungszeit** des Dramas ist in beiden Fassungen fast identisch mit der historischen Umbruchzeit zwischen 1517 und 1526, dem Beginn der Reformation. Es ist eine Zeit der Auflösung des Reiches ebenso wie einer Neubildung des Reiches unter veränderten Vorzeichen. Götz als Reichsritter beharrt auf der Repräsentanz der Auflösung und kann so auch im Sterben eine Untergangsvision haben: „Es kommen die Zeiten des Betrugs, es ist ihm Freiheit gegeben. Die Nichtswürdigen werden regieren mit List, und der Edle wird in ihre Netze fallen." (R 119,6 ff./HL 95,36 ff.) Wenn Götz mit den Worten „Freiheit! Freiheit!" stirbt, ist das ein Bekenntnis zu den allgemeinen Wünschen und Hoffnungen der emphatisch aufbegehrenden jungen Generation des Sturm und Drang. Elisabeth kann jedoch problemlos darauf verweisen, wo Götz diese Freiheit finden wird: „Nur droben(,) droben bei dir. Die Welt ist ein Gefängnis." (R 119,14 f./HL 96,1 f.) Sie zeigt die Grenzen der Hoffnungen auf.

Götzens „Bekenntnis" zum Sturm und Drang

Die Adelheid-Szenen im Stück sind ein Indiz für die Auflösung der klassischen Form. Diese Frau begeisterte Goethe und löste eine „wundersame Leidenschaft" (BA 13, 614) aus. Ihre Szenen bilden eine von Götz weitgehend unabhängige Handlung. Zwar erlebt der Zuschauer die Verführung Weislingens durch Adelheid mit, im Gegensatz zur Liebeserklärung Weislingens an Maria, aber mit der Handlung um Götz sind diese Szenen nur lose verbunden. Das zeigte den jugendlichen und impulsiven Dramatiker, noch nicht den erfahrenen, Shakespeare ebenbürtigen Dramatiker. Die sittsame Liebe, die zur Ehe führt, wird allerdings nur behauptet, man denke an Weislingens Beziehung zu Maria und deren Satz „Ihr liebt mich, sagt Ihr." (R 31,6/HL 23,23) Ähnlich unauffällig vollzieht sich die Verbindung Sickingens und Marias: Sickingen stellte seinen Antrag hinter der Bühne und berichtet Götz über das Gelingen. In ihm klingt an, dass es mehr Beweis der Stärke denn Gefühl ist, was diese Beziehung ausmacht. Die erotisch faszinierende Liebe dagegen, wie sie Adelheid verkörpert, wird für die damaligen Verhältnisse offenherzig und anspruchsvoll vorgeführt.

Die Adelheid-Szenen sind kühn

Die vorbildlich strukturierte Exposition des Stückes führt in die Vielgestaltigkeit der Handlung ein, ohne die Hauptpersonen selbst auf die Bühne zu bringen. Bereits das erste Gespräch nennt Berlichingen, seinen Konflikt mit dem Bischof und Weislingen. Mit

Exposition

Götz verbindet sich Erzählenswertes, was die Bamberger, die neben den Bauern im Wirtshaus sind, so ärgern könnte, „sie möchten schwarz werden“ (R 5,10 f./HL 3,5 f.). Metzler sucht zudem die Provokation. – Die Exposition führt sowohl in die Spannung zwischen gegnerische Gestalten ein (Götz und Bischof von Bamberg) als auch in die widersprüchliche Atmosphäre der Zeit (Unmut der Bauern gegenüber den Herrschenden): Hier wird die ursprüngliche Konzeption des Bauernkrieges (BA 7, 9) in einem Rest erkennbar („Dürften wir nur so einmal an die Fürsten, die uns die Haut über die Ohren ziehen.“ R 7,22 f./HL 5,4 f.). Götz erscheint zwischen diesen Fronten als Hoffnungsträger, aber es fällt auch Zwielicht auf ihn: Seine Reiter leisten ohne Bezahlung „keinen Streich“ (R 7,16/HL 4,39), auch nicht, wenn es sich um Hilfe für Bauern handelt („... das ist ein gefunden Fressen!“ R 7,6/HL 4,29).

Zwielichtiger Hoffnungsträger

Goethes spezielle Kritik am Feudalismus in dem Stück war beiläufig, darum ging es ihm nicht. Vielmehr nahm er sie für seinen Götz als lebbare Möglichkeit in Anspruch: Götz als Selbsthelfer, und damit als Vorbild für die eigene Gegenwart, ist sein Held. Sein Stück ist kein Werk „der bürgerlichen Empörung. Goethes schneidende Kritik am Feudalwesen ist – merkwürdigerweise – in seiner Jugend, also im Sturm und Drang, trotz *Götz* und *Prometheus* und *Urfaust*, weit weniger stark akzentuiert als später im *Tasso*“[75].

Shakespeare als Vorbild

Absage an Aristoteles

Auf das Vorbild Shakespeares verwies vor allem die Gestaltung der Handlung. Sie war nicht im aristotelischen Sinne in Szenen gegliedert, die einer steigenden oder fallenden Handlung dienten, sondern verlief scheinbar ungeordnet, aber doch einer inneren Logik folgend: Alle Szenen bedingen einander (vgl. S. 56 ff. dieser Er-

75 Hans Mayer: *Das unglückliche Bewußtsein. Zur deutschen Literaturgeschichte von Lessing bis Heine.* Frankfurt a. M.: Suhrkamp Verlag, 1986, S. 138.

läuterung). Der schwedische Dramatiker **August Strindberg**, der Goethes *Götz* bewunderte, beschrieb diese Form nach wiederholter Lektüre des Stückes so: „Es gefällt mir. Aber kein Wort darf gestrichen werden, das Ganze – ist alles; keine ‚Szenen', keine sichtbare Technik, und dennoch die Wirkung."[76] Die Episoden folgen nicht, wie im antiken Drama, logisch einander, sondern sie zeigen, auch in den Ortsangaben springend, Ausschnitte aus einem Panorama, das einer Grundsituation gewidmet ist: Die Eröffnung gibt sie vor, Götz befindet sich in ständiger Auseinandersetzung mit dem Bischof von Bamberg, mit einem Vertreter der fürstlichen Territorialgewalt. Diese Auseinandersetzung, die immer größere Ausmaße bekommt und schließlich den Kaiser einbezieht, ist für Götz erfolgreich, führt aber trotzdem zum Untergang des freien Ritters im Kampf gegen die neue Macht. *Götz* blieb das einzige Stück Goethes, das sich so konsequent der Form Shakespeares bediente. Danach benutzte er das bürgerliche Schauspiel, wie es Lessing entwickelt hatte: Bereits *Clavigo* 1774 war ihm verpflichtet.

Szenen sind Ausschnitte aus einem Panorama

Neu war an dem Stück, dass es die anerkannte aristotelische Dreieinheit (des Ortes, der Zeit und der Handlung) auflöste (vgl. S. 54 dieser Erläuterung). Shakespeares Werke überzeugten Goethe davon, dass der vorgegebene Bühnenraum, die Voraussetzung für die Einheit des Ortes, und „die kurze, einer Vorstellung zugemessene Zeit", die Bedingung für die Einheit der Zeit, nicht geeignet schienen, „um etwas Bedeutendes vorzutragen" (BA 13, 613). Deshalb entschloss sich Goethe, die traditionellen Vorgaben aufzugeben und mit seiner „dramatische(n) Form alle Theatergrenzen" zu überschreiten und „sich den lebendigen Ereignissen mehr und mehr zu nähern" (BA 13, 613). Eckermann sah im *Götz* ein Stück, das

Die Auflösung der Dreieinheit

Überschreitung der Theatergrenzen

76 August Strindberg: *Samlade Skrifter.* Band XIV, utgiva av Torsten Eklund. Stockholm, Brief Nr. 4700.

„über die Einheit der Zeit und des Ortes so weit hinausgeht als nur immer möglich, aber auch so in der Gegenwart sich entwickelnd, alles vor die unmittelbare Anschauung bringend, und daher so echt dramatisch und fasslich ist als nur irgendein Stück in der Welt"[77].

Dramatik will selbst Wirklichkeit sein

Diese Struktur hatte Goethe in der Beschäftigung mit Shakespeare gefunden; mit dem *Götz* und dem *Egmont* habe er sich diesen Dichter angeeignet und sich gleichzeitig von ihm befreit, habe ihn sich „vom Halse" geschafft[78], denn Shakespeares Größe könne auch vernichten. Der junge Goethe überschritt die zu der Zeit herrschenden dramatischen und theatralischen Grenzen rücksichtslos; von einem Tag zum anderen gab es die alten Normen nicht mehr. Das war der Gegensatz zu dem herrschenden französischen Klassizismus und der ihm folgenden aufklärerischen Dramatik, die der Wirklichkeit ein Ideal entgegenstellen wollten. Goethes Theater und damit die Dramatik des Sturm und Drang versuchten, die Wirklichkeit selbst zu sein.

Die unterschiedlichen Fassungen und ihre Folgen

Unterschiede zwischen den Fassungen

Unterschiede zwischen den beiden Fassungen ergeben sich einerseits aus Änderungen dramaturgischer Natur. Goethe hat 1773 die Handlung geordnet, die Szenen logischer aufeinander bezogen und vor allem Adelheid und Weislingen zurückgenommen. In der ersten Fassung war Götz am Ende in den Hintergrund getreten und hatte besonders Adelheid Platz gemacht. Es wurden in der Überarbeitung überspitzte und unmotivierte Beziehungen abgebaut wie die Sickingens, der gerade Götzens Schwester geheiratet und den

---

77 Eckermann, S. 167 (24. Februar 1825).
78 Ebd., S. 220 (25. Dezember 1825).

Schwager gegen Verrat verteidigt hatte, zu Adelheid, der er völlig verfällt.

Moralische Abwertung der Bauern

Andererseits kamen **inhaltliche Veränderungen** hinzu: Die Bedeutung Maximilians wurde zurückgenommen – eine große Szene wurde ihm gestrichen (BA 7, 64 f.) –, um Götz aufzuwerten. Ebenso wurden Bauernkriegsszenen gestrichen und die erhalten gebliebenen auf Götz ausgerichtet, während die Bauern moralisch abgewertet und teilweise – Metzler – zu Verbrechern wurden (vgl. S. 80 ff. dieser Erläuterung). Gestrichen wurde auch das Motto aus Albrecht von Hallers Staatsroman *Usong. Eine morgenländische Geschichte* (1771). Die Zigeunerszenen wurden überarbeitet. Am Ende des 2. Aktes kam die Szene „Herberge" hinzu: Götz und Selbitz nehmen an einer Bauernhochzeit teil. Auf ihr erfahren sie, wie unwirksam die Rechtsprechung der Zeit war und wie erst Bauernschläue aus den Urteilen etwas zu machen versteht. In diese teils ironisch gezeichnete Szene, die nach Goethes Aufenthalt in Wetzlar entstand, sind seine Erfahrungen am Reichskammergericht ebenso wie seine Unlust an juristischen Prozessen eingegangen. Für seinen Helden Götz sind die Erfahrungen der Bauern Bestätigung, sich sein Recht durch seine eigene Kraft zu erkämpfen.

Streichung der Helfenstein-Szene

Im **5. Akt** wurden die Szenen neu geordnet, mehrere der frühen Fassung gestrichen. Der bedeutsamste Einschnitt, eine entscheidende Akzentverschiebung und ein Verlust, war die Streichung der Helfenstein-Szene. In ihr war der **sozialen Charakter des Bauernkrieges** historisch präzise und beeindruckend dargestellt worden. Götz war in der Szene nicht vertreten. Umso deutlicher erschien **Metzler als der radikale Gegenspieler des vorsichtigen Götz**, der von den übrigen Bauernführern als Alternative ins Gespräch gebracht wird: „Es fehlt uns ein Anführer, von Kriegserfahrenheit und Ansehn." (BA 7, 118) Die Szene im *Urgötz* ist ein genialer Entwurf, die individuelle Geschichte Götzens mit der nationalen Niederlage zu verbinden. Die Szenerie ist bedrohlich und gespenstisch: „Nacht. Eine halb verfallne Kapelle auf einem Kirchhof" (BA 7, 114). Für Metzler ist die Hinrichtung Helfensteins gerechtfertigt, weil Adlige wie Helfenstein den Bauern das Blut ausgesogen haben. – Durch Kürzungen im 5. Akt folgen Götzens Niederlage und sein Rücktritt als Führer der Bauern, sein drohender Tod durch Weislingens Urteil und sein stilles Verdämmern im „Gärtchen am Turm" (R 117,19/HL 94,23) dicht aufeinander. Das war durch die zwischengeschobenen Adelheid-Szenen im *Urgötz* nicht der Fall. Durch die Straffung 1773 fallen individueller Untergang und Untergang der revolutionären Bewegung zusammen.

Götz: moralisch überlegen, historisch überholt

Ritter gegen Fürsten

Die Auswahl der Szenen hat zur Folge, dass Götz entgegen der historischen Situation als überlegen erscheint. Tatsächlich ist Götz' politisches Weltbild überholt, sein ritterliches Verhalten ist konservativ, nur im familiären Bereich ist er progressiv. Zu Beginn des 16. Jahrhunderts wechselt Deutschland vom mittelalterlichen Feudalwesen, in dem die freien Ritter, die nur dem Kaiser untertan sind, eine wesentliche Macht waren, zu einer Territorialfürstenstruktur, an deren Spitze der Kaiser steht. Da die Ritter als reichsunmittelbarer Stand noch Macht besaßen und bisher das Reichsheer stellten, die Territorialfürsten diese aber nicht mehr anerkannten und dieses Heer nicht mehr benötigten, lebten Ritter und Fürsten in ständiger Fehde. Während die Ritter versuchten, ihr altes Recht zu erhalten, bemühten sich die Fürsten, die neuen Rechte durchzusetzen. Die Freien Reichsstädte bekamen zusätzlich große Bedeutung, ein wohlhabendes Bürgertum nahm Einfluss auf die Macht. Goethe erlebte in Frankfurt am Main, wie sich die wohlhabenden Bürger dem Adel gleich, sogar überlegen fühlten und zudem ein neues Familienbild entwickelten. – Das Bürgertum taucht personell nur am

Rande des Stückes auf. Zwei Kaufleute bitten den Kaiser um Schutz vor Götz und Selbitz, die dreißig Kaufleute, „die von der Frankfurter Mess kamen, im bambergischen Geleite niedergeworfen und beraubt" (R 57,25 ff./HL 45,19 ff.) hätten. Die Szene ist aufschlussreich für den Zustand des Reiches: Der Kaiser nimmt Stellung zu der für ihn ungewohnten, weil bürgerlich geprägten Situation, wenn „ein Kaufmann einen Pfeffersack" verliert, und beherrscht doch das neu entwickelte feudale System der Territorialfürsten, „Königreich, Fürstentum, Herzogtum und anders" (R 58,8 f./HL 45,29 ff.) nicht. Bürger und Handwerker agieren in einem anderen Fall im Auftrag der Ratsherren von Heilbronn gegen Götz (R 88,22/HL 70,29 f.) und werden von seiner „rechten eisernen Hand" niedergeschlagen (R 88,27 f./HL 70,33 f.), besiegt ist jedoch am Ende Götz, der seine Niederlage als Traum vorwegnimmt: Er verliert durch Weislingen seine eiserne Hand (R 91,33 ff./HL 73,12 ff.) und damit seine Stärke. – Bürgerliches Denken des 18. Jahrhunderts spielt im *Götz* vor allem im Familienalltag eine Rolle: bei der Erziehung Carl von Berlichingens und bei der Haushaltsplanung in Jagsthausen.

Sympathieträger Götz

Indem Götz aber als moralisch integer und in seinen siegreichen Taten gegen die neue Zeit vorgestellt wird und die neue Zeit selbst durch charakterlose, geradezu kriminelle Figuren vertreten wird, kann die **Sympathie des Zuschauers** oder Lesers nur Götz und seinem überholten Geschichtsbild gehören. Man nimmt ihm sogar seine Vorstellungen von einer individuellen anarchistischen Freiheit ab, die mit den historischen Entwicklungen unvereinbar war. Das wird durch eine Dramaturgie verstärkt, die Götz mehrfach in den sympathischen Figuren spiegelt und ihn durch diese Gestalten auch in verschiedenen Varianten zeigt. Georg ist das sehr junge Abbild Götz', Martin das mannhaft protestantische Abbild. Die Reihe setzt sich mit Lerse und Sickingen fort. Götz strebt nach einer idealen Lebensform, wird aber gleichzeitig immer wieder auf den engen, fast familiären Raum seiner Burg zurückgeworfen. Dramaturgisch geschickt wechseln die Handlungsausschnitte zwischen großen geschichtlichen Ereignissen und kleinen, fast privaten Vorgängen, zwischen einer glänzenden Außenwelt und einer fast bürgerlichen Innenwelt.

Unzureichende Utopie

Das allerdings hat zur Folge, dass zwar Götz den Zuschauer fasziniert, er aber nur in einer abendmahlähnlichen, aber säkularen Ausnahmesituation den Entwurf einer anderen Zeit vorträgt (R 80,4–81,28/HL 63,19–64,39), der utopisch ist. Erst im *Egmont* (1788) entwickelte Goethe, im Traum und als Symbol, ein gesellschaftliches Ideal, das Götzens utopischen Entwurf wieder aufnimmt.

Götz und Weislingen: zwei Seiten einer Medaille

Goethe hat eine interessante dramaturgische Anlage gefunden: Götz und Weislingen sind wie zwei Seiten einer Medaille. Sie kommen beide aus der freien Ritterschaft, waren befreundet und sind etwa gleichaltrig. Die Freundschaft wird zerstört, weil sie gegensätzliche Wege gehen. Während Götz weiterhin der freie Ritter bleibt, wird Weislingen der Repräsentant der neuen Territorialmächte, wie sie im Bischof von Bamberg auftreten. Politisch ist Weislingen der moderne Adlige, Götz der überholte. Moralisch aber ist Götz der überlegene Mensch, vom ersten Augenblick an wird er als „ein rechtschaffener Herr" (R 5,30/HL 3,24) beschrieben. Weislingen ist der moralisch fragwürdige Mensch. Durch Adelheid werden seine politischen und ökonomischen Interessen ziellos, und er verfällt der „Zauberin" (R 54,20/HL 42,12) triebhaft. Damit sind die beiden männlichen Hauptgestalten in gleicher Weise unvollkommen, beider Tod ist kein tragischer, sondern allenfalls ein trauriger, weil sich beider Tod nicht aus einer zwanghaften Entscheidungssituation ergibt.

4. REZEPTIONSGESCHICHTE

ZUSAMMEN-FASSUNG

- → Die Wirkungsgeschichte des Schauspiels ist umfangreich und verzweigt: Sie reicht von J. M. R. Lenz zu Georg Büchner, über Karl Marx und Friedrich Engels zu Lassalle, über Gerhart Hauptmann und Friedrich Wolf bis zu Peter Hacks.
- → Nach den Überarbeitungen 1773 kam der Durchbruch. Die Rezensionen waren wohlwollend, die Zustimmung zu dem Stück war groß, aber teils wenig verständnisvoll. Wieland nahm mehrfach als Fürsprecher Stellung, ebenso Goethes Freund Lenz. Viel Lob kam von G. A. Bürger; Friedrich II. von Preußen lehnte das Stück grundsätzlich ab.
- → Goethe wurde über Nacht der bekannteste Autor Deutschlands. Das Stück löste eine Welle von thematisch ähnlichen Stücken aus.
- → Eine Rolle spielte das Stück in der berühmten „Sickingen-Debatte“ sozialistischer Denker vor 1860.
- → Die jungen Naturalisten erkannten Goethes *Götz* an, Gerhart Hauptmanns *Florian Geyer* orientierte sich an Goethes Stück.
- → Im 20. Jahrhundert fand eine Aufwertung des *Urgötz* gegenüber dem *Götz* statt.

Durchbruch mit der Neufassung

Formale Neuerungen stießen auf Unverständnis

Mit der Neufassung 1773 kam der Durchbruch für das Stück. Erste Rezensionen wie die des Gießener Professors und Regierungsrates **Christian Heinrich Schmid** (1746–1800) im *Teutschen Merkur* waren wohlwollend, tadelten aber die Form, da er die dramaturgischen Neuerungen nicht erkannte und man nicht wusste, „in welche Klasse" man das Stück setzen solle:

> „(...) ein Stück, worin alle drei Einheiten auf das grausamste gemisshandelt werden, das weder Lust- noch Trauerspiel ist und doch das schönste, interessanteste Monstrum, gegen welches wir hundert von unsern komisch-weinerlichen Schauspielen austauschen möchten (...). Erstlich verdient der Verf. für die Wahl seines Sujets den lebhaftesten Dank aller teutschen Patrioten, die es lange gewünscht haben, nicht, dass man griechische Schauspiele nachahmen, sondern dass man wie die Griechen Gegenstände wählen und sie alsdann nach Art der Griechen bearbeiten möchte."[79]

Lob für nationalen Stoff

Andere Rezensenten lobten den nationalen Stoff, der es durch seine Qualität und seinen deutschen Charakter ermöglicht habe, die eigene Kultur gegenüber der französischen, aber auch der griechischen und römischen aufzuwerten. **Christoph Martin Wieland** (1733–1813), einer der einflussreichsten Schriftsteller der Zeit, widersprach C. H. Schmids Kritik in der gleichen Zeitschrift 1774 bei der Beurteilung der Form und Gestaltung:

> „Wer hat es gelesen, ohne zu fühlen (wenn er auch nicht sagen konnte, *wie* und *warum*), dass ihn nicht leicht eine andere Lektüre (immer nehme ich *Emilia Galotti* aus) mit solcher Gewalt ergriffen, so stark interessiert, so mächtig erschüttert, so durchaus vom ersten Zug bis zum letzten in die Begeisterung

---

79 Chr. H. Schmid. In: Der Teutsche Merkur, Weimar, September 1773, 3. Band, 3. Stück, S. 267–287; zit. bei Blumenthal, S. 11–22, hier: 11 f.

> des Dichters hineingezogen und ans ununterbrochene *Anschaun* der lebendigen Gemälde (...) angeheftet habe? – Welche Wunder sollte der (sic!) Genie, der dies getan hat, nicht auf unserer Schaubühne wirken können, wenn es ihm einfiele, Schauspiele zu schreiben, die man aufführen könnte?“[80]

Wieland machte den *Götz von Berlichingen* zu einem herausragenden Demonstrationsobjekt für eine revolutionäre Literaturentwicklung.[81] 1784 bestätigte Wieland seine Meinung, es sei Goethes Absicht gewesen, „seine Kräfte an einem großen dramatischen Zeit- und Sitten-Gemälde zu versuchen: wozu er den Stoff aus der Geschichte unsers eignen Vaterlandes nahm.“[82] Als Ergebnis stellte er aus: „Teutsche Geschichte, teutsche Helden, eine teutsche Scene, teutsche Charakter, Sitten und Gebräuche waren etwas ganz Neues auf teutschen Schaubühnen.“[83]

„Teutsche Geschichte, teutsche Helden“

Widerspruch gegen den *Götz* kam von **Heinrich Gottfried von Bretschneider** (1739–1810), ein Major im Nassau-Usingenschen Dienst, ein Satiriker und ein literarisch versierter Mann. Er veröffentlichte 1776 anonym die *Entsetzliche Mordgeschichte von dem jungen Werther* und schrieb Librettos für komische Opern und *Denkwürdigkeiten* (1793–1810). Am 18. August 1773 teilte er Friedrich Nicolai mit:

> „Zu Frankfurt ist herausgekommen *Götz von Berlichingen mit der eisernen Hand*, ein Schauspiel. Der Verfasser D. Goethe, ein

„Ein unglückseliger Nachahmer von Shakespeare“

---

80 Wieland: *Miscellanien*. In: Der Teutsche Merkur, Weimar, 6. Band, 3. Stück, Juni 1774, S. 321–333; zit. bei Blumenthal, S. 22–29, hier: S. 23. (Sperrungen in der Vorlage wurden kursiviert.)

81 Vgl. Christoph Martin Wieland: *Ausgewählte Prosa aus dem Teutschen Merkur*. Hrsg. von Hans Werner Seiffert. Turmhahn-Bücherei. Neue Folge 4. Schiller-Nationalmuseum Marbach, 1963, S. 68 ff., besonders 78–89.

82 Ebd., S. 77.

83 Ebd., S. 84 (*Dritter Brief an einen jungen Dichter*. 1784) Schreibweise im Original beibehalten.

> junger Rechtsgelehrter in Frankfurt, ist ein unglückseliger Nachahmer von Shakespeare, das Schauspiel begreift einen Zeitraum von nicht mehr als 6–7 Jahren und der Schauplatz einen Umfang von 20 Meilen in sich. Bald reden die Personen so erhaben modern, als wenn sie den Klopstock gelesen hätten, bald künsteln sie mit sehr schlechtem Glück die Sprache des 16. Jahrhunderts nach, bald reden sie wie zärtliche Petit maitres(,) bald wie der niedrigste Pöbel; das lächerlichste aber ist, dass sie zu Berlichings Zeiten Ao. 1530–50 von Peruquen, und Büchern in usum delphini schwatzen."[84]

Am gleichen Tage kritisierte der Schweizer Ästhetiker **Johann Jakob Bodmer**: „Ein Unbekannter hat Götzen von Berlichingen geschrieben (...) Hier und da etwas von Shakespeares Geist, doch nicht weit her und in Sprüngen."[85]

„Vaterländisches Schauspiel"

Die Zustimmung zu dem Stück in Zeitschriften war groß und engagiert. In der Regel wurden kaum künstlerische Details gewürdigt, sondern die grundsätzliche Anlage des Stückes, die Aufwertung der nationalen Vergangenheit und das neue Selbstverständnis der Deutschen:

> „Zuförderst meinen herzlichen, heißen Dank, Dir, Edler Deutscher, der du uns andern, auch nicht unedlen Deutschen aus der Schatzkammer Deines Genies dies vaterländische Schauspiel mitgeteilt hast! Nenne, o nenne uns deinen Namen, dass wir ihn in dem Tempel unsrer Dichter, in unvergängliches Erz

---

84 Lutz Mackensen: *Ein frühes Urteil über Goethes Götz.* In: Goethe. Neue Folge des Jahrbuchs der Goethe-Gesellschaft. Im Auftrage des Vorstands hrsg. von Andreas B. Wachsmuth. Weimar: Hermann Böhlaus Nachf., 1961, 23. Band, S. 330 f. „Petit maîtres": Lackaffen; „Peruque": Perücke, „in usum delphini": wörtl. „zum Gebrauch des Dauphins", im Sinne von: bereinigt, moralisch zensiert.

85 Ebd., S. 332. Vgl. Blumenthal, S. 7 f.

> eingegraben, zuoberst aufhängen, an Lessings Seite: denn du, Edler, hast wie Er, vaterländisch gedichtet."[86]

Im Sommer 1773 begeisterte sich **Gottfried August Bürger** enthusiastisch:

„Deutscher Shakespeare"

> „Ich weiß mich vor Enthusiasmus kaum zu lassen. Womit soll ich dem Verfasser mein Entzücken entdecken? Den kann man doch den deutschen Shakespeare nennen, wenn man einen so nennen will (…) Welch ein durchaus deutscher Stoff! Welch kühne Verarbeitung!"[87].

Bürgers Brief an Heinrich Christian Boie drückte das Gefühl der Stürmer und Dränger für das Stück aus. Auch Lavater, Klopstock und Gerstenberg äußerten sich anerkennend. J. M. R. Lenz schrieb den Aufsatz *Über Götz von Berlichingen*. Sein zentraler Gedanke war, das Leben auf Handlung auszurichten und sich dafür Goethes *Götz* zum Vorbild zu nehmen, „lasst uns den Charakter dieses antiken deutschen Mannes erst mit erhitzter Seele erwägen und wenn wir ihn gutfinden, uns eigen machen, damit wir wieder Deutsche werden, von denen wir so weit weit ausgeartet sind."[88] Als das Stück am 12. April 1774 uraufgeführt wurde – der Text galt vorher als unspielbar –, hatte der Sturm und Drang gesiegt.

Triumph der Stürmer und Dränger

Friedrich II., Lessing und Mehring als Kritiker

Schärfste Ablehnung des *Götz* kam von Friedrich II. von Preußen. In seiner Schrift *De la litérature allemande* … (1780) stempelte der literaturinteressierte preußische König den *Götz* als Imitation

---

86 *Gelehrte Zeitung für das Frauenzimmer*, 30. Stück, 1773, vom 24. Juli 1773. Vgl. Nollau, S. 94.
87 Blumenthal, S. 36.
88 Lenz, S. 639 f.

Shakespeares ab, dem nur das gemeine Volk Beifall zolle. Während die Stürmer und Dränger das gegenwärtige Theater deshalb angriffen, weil es sich fast ausschließlich der französischen Klassizisten bediente, waren dem König, der die französischen „Schöngeister" wie Corneille und Racine favorisierte, die Bestrebungen der Stürmer und Dränger zuwider:

Anhänger des französischen Klassizismus

> „Um sich von dem geringen Geschmack, der heute in Deutschland herrscht, zu überzeugen, brauchen Sie nur die öffentlichen Theatervorstellungen zu besuchen. Dort werden Sie erleben, wie man die in unsere Sprache übersetzten, abscheulichen Stücke von Shakespeare aufführt und wie alle Zuhörer sich vor Behagen austoben, wenn sie diese lächerlichen und den Wilden von Kanada angemessenen Possen hören. Ich nenne sie so, weil sie gegen sämtliche Regeln der Dramatik verstoßen (...) Man kann Shakespeare diese absonderlichen Verirrungen nachsehen; denn die Geburtsstunde der Künste ist nie zugleich der Zeitpunkt ihrer Reife. Aber da erscheint nun ein *Götz von Berlichingen* auf der Bühne, eine abscheuliche Nachahmung dieser schlechten englischen Stücke, und die Zuschauer im Parterre klatschen Beifall und verlangen begeistert die Wiederholung dieser widerlichen Plattheiten."[89]

„Widerliche Plattheiten"

Für Friedrich II. waren die Regeln des Aristoteles, besonders die der Dreieinheit, unumstößlich; **Goethes Neuerungen irritierten ihn**, vor allem die Aufgabe der Einheit der Zeit: Wenn das, was gespielt werde, den Zeitraum mehrerer Jahre umfasse, sei die Wahrschein-

---

89 Der vollständige Titel der Schrift Friedrich II. von Preußen heißt übersetzt: *Über die deutsche Literatur, die Mängel, die man ihr vorwerfen kann, welches ihre Ursachen sind und mit welchen Mitteln man sie beheben kann.* In: Friedrich II. von Preußen: Schriften und Briefe. Leipzig: Reclam, 1985 (RUB 1123), S. 382 f.

lichkeit aufgegeben. Ihn störte aber auch das sozial Neue des *Götz*, da die sozialen Unterschiede aufgegeben wurden und alle Personen dramaturgisch gleichberechtigt waren:

> „Auch erscheinen da Lastträger und Totengräber und führen ihnen angemessene Reden; dann erst kommen Fürsten und Königinnen. Wie kann ein solch ungereimter Mischmasch aus Gemeinem und Erhabenem, aus Possenreißerei und Tragischem rühren und gefallen?“[90]

„Mischmasch aus Gemeinem und Erhabenem“

Das bezog sich zwar auf Shakespeares *Hamlet*, aber die statt der Totengräber in Goethes *Götz* auftretenden rebellischen Bauern mussten dem König noch unheimlicher sein, weil sie eine sozial wirksame Gruppen waren und sogar gegen die vorhandene Ordnung mit Waffengewalt aufbegehrten.

Unangenehme „Genies“

Der Sieg des Sturm und Drang forderte auch **Gotthold Ephraim Lessings** heraus. Aufgebracht reagierte er auf den Erfolg des Stückes in Berlin: „Dass *Götz von Berlichingen* großen Beifall in Berlin gefunden, ist, fürchte ich, weder zur Ehre des Verfassers, noch zur Ehre Berlins.“[91] Er schob den Erfolg auf die Ausstattung: „Denn eine Stadt, die kahlen Tönen nachläuft, kann auch hübschen Kleidern nachlaufen.“ Lessing stand den „Genies“ des Sturm und Drang skeptisch gegenüber, denn diese Genies waren ihm, seinem Verständnis von Literatur und von geordneten Theaterverhältnissen unangenehm. Die Verkörperung dieser Genies sah er in Goethe: „Der Kerl ist ein Genie, aber ein Genie ist ein schlechter Nachbar“, meinte er unter Verwendung eines Nicolai-Zitates über Goethe.[92]

---

90 Ebd.

91 Gotthold Ephraim Lessing: *Gesammelte Werke*. 9. Band: Briefe. Hrsg. von Paul Rilla. Berlin: Aufbau-Verlag, 1957, S. 606 (Brief vom 30. April 1774 an Karl Lessing).

92 Ebd., S. 630 (Brief an Christoph Martin Wieland, im Original gesperrt).

Götz nur ein „gemeiner Strauchdieb"?

Der sozialdemokratische Literaturkritiker **Franz Mehring** (1846–1919) nutzte Lessings Kritik zu einer schroffen Kritik an Goethes *Götz* aus der Sicht der Klassenstruktur:

> „(…) Goethe verherrlichte im *Götz* einen gemeinen Strauchdieb, dessen Name zumeist durch einen bübischen, an den Bauern im Bauernkrieg begangenen Verrat in die Jahrbücher der Geschichte gelangt ist, als ‚einen der edelsten Deutschen'; er wollte das ‚Andenken eines braven Mannes retten' und verhöhnte um dieses spitzbübischen Ritters willen die Städte und die Bauern; sollte Lessing, der mit gutem Fug verlangt hatte, dass dem Dramatiker die historischen Charaktere heilig sein sollten, und der selbst stets für die Interessen der bürgerlichen Klassen eingetreten war, darüber etwa jubeln?"[93]

Boom der Ritterstücke

Immer weitere Selbsthelfer

Das Stück löste eine Welle von ähnlich thematisierten Stücken aus; Dramatisierungen aus der deutschen Geschichte, in denen edle Ritter spielten, waren an der Tagesordnung. Goethes *Götz* begründete die deutsche Ritterdramatik[94], die bereits von Zeitgenossen wie F. A. Klinger weiterentwickelt wurde (*Otto*, 1775). Eine Untersuchung von 1880 listete bereits 38 derartiger Stücke auf.[95] Helden vom Selbsthelfer-Typus traten auch weiterhin auf, zu denen Schillers *Wilhelm Tell* (1804) und Kleists *Michael Kohlhaas* (1810), der Goethes Götz sehr ähnlich ist, zu zählen sind. Die Ritterthematik reichte bis zu Kleists *Käthchen von Heilbronn* (1807/08 entst.) und Hebbels

---

93 Mehring, Band 9, S. 322.

94 Eine übersichtliche Behandlung dieser Dramatik findet sich bei: Ferdinand Josef Schneider: *Die deutsche Dichtung der Geniezeit*. Stuttgart: J. B. Metzlersche Verlagsbuchhandlung, 1952, S. 172 ff.

95 Vgl. Otto Brahm: *Das deutsche Ritterdrama des achtzehnten Jahrhunderts*. Straßburg 1880, S. 72, auch bei: Neuhaus, S. 159 f.

Agnes Bernauer (1852). Auch Bürgers Ballade *Lenore* (1773) ist thematisch in diesem Umfeld zu nennen. Parallel dazu wurden allerdings auch seit dem Ende des 18. bis zur Mitte des 19. Jahrhunderts zahlreiche Ritterromane veröffentlicht, die eine eigene Gruppe der Unterhaltungsliteratur bildeten.[96] Das Interesse für die Ritterthematik reichte bis zu den Geschichts- und Hohenzollerndramen Ernst von Wildenbruchs (1845–1909) im ausgehenden 19. Jahrhundert, sie waren jedoch auf das Niveau des Ausstattungsstücks voller Effekte und pathetischer Floskeln gesunken (*Die Karolinger, Heinrich und Heinrichs Geschlecht*).

Harnischrasselnde, brutale Horden auf der Bühne

Im Drama bot sich die neue Komposition mit ihrer Absage an die aristotelische Dreieinheit als besonders geeignet an, um der Unbändigkeit der deutschen Ritterzeit gerecht zu werden,

> „und so stürmten nun wahre Horden von harnischrasselnden, ehrenfesten und brutalen Gestalten über die Bühne hin. *Agnes Bernauerin* und *Kaspar der Thoringer* vom Grafen von Törring, *Sturm von Boxberg* und *Fust von Stromberg* vom Mannheimer Maier, *Otto von Wittelsbach* von Babo, *Otto der Schütz*, *Ludwig der Springer*, *Clara von Hoheneichen* von Spieß und eine Unzahl der weniger populär gewordenen Stücke gaben der Natürlichkeitsrichtung in der Schauspielkunst begreiflicherweise einen noch derberen Nachdruck. Hier galt es Darstellung unbändiger Kraft, unverschleierter Leidenschaft; was Wunder! dass der größte Teil der Schauspieler die brutalste Roheit dafür ausgab?“[97]

---

96 Eine Leipziger Leihbibliothek verzeichnete 1830 zur Ritterthematik 1700 Titel. Vgl. Claus Träger (Hrsg.): *Wörterbuch der Literaturwissenschaft*. Leipzig: Bibliographisches Institut, 1986, S. 439.

97 Devrient, Band 1, S. 508.

Aufnahme im Naturalismus

Dem Boom von Rittergeschichten zum Trotz tat sich das **19. Jahrhundert** mit Goethes *Götz* schwer. Einige Zeitgenossen sahen das Stück als „Produkt eines freien und ungezogenen Knaben", in dem unbestimmter „Freiheitsdrang" gespukt habe, wie es **Karl Grün** schrieb und dafür von Friedrich Engels harsche und sarkastische Kritik bekam.[98] Erst die jungen **Naturalisten**, die der deutschen Klassik reserviert gegenüberstanden, weil sie das Vorbild für die von ihnen bekämpften Klassizisten des Schlages Geibel war, erkannten den *Götz* wieder an.

Sickingen-Debatte von Marx, Engels und Lassalle

Eine große Rolle spielten das Stück und seine Titelfigur in der sogenannten **Sickingen-Debatte**. Der sozialistische Politiker Ferdinand Lassalle (1825–1864), einer der Wortführer der Arbeiterbewegung, hatte das Drama *Franz von Sickingen* (1858)[99] geschrieben. Karl Marx und Friedrich Engels analysierten Lassalles Stück und kamen auch auf Goethes *Götz* zu sprechen. Marx sah Sickingen als tragische Figur,

> „weil er als Ritter und als Repräsentant einer untergehenden Klasse gegen das Bestehende sich auflehnte oder vielmehr gegen die neue Form des Bestehenden. Streift man von Sickingen ab, was dem Individuum und seiner besondern Bildung, Naturanlage usw. angehört, so bleibt übrig – Götz von Berlichingen. In diesem letztern miserablen Kerl ist der tragische Gegensatz des Rittertums gegen Kaiser und Fürsten in seiner adäquaten Form

---

98 Karl Grün: *Über Goethe vom menschlichen Standpunkte*. Darmstadt 1846, S. 43 Vgl. Friedrich Engels: *Deutscher Sozialismus in Versen und Prosa*. In: Karl Marx / Friedrich Engels: Über Kunst und Literatur. Berlin: Dietz Verlag, 1967, 1. Band, S. 457.

99 Die Aufführung des Stücks war vom Königlichen Hoftheater in Berlin abgelehnt worden, Lassalle veröffentlichte es daraufhin 1859 als Literaturdrama.

vorhanden, und darum hat Goethe mit Recht ihn zum Helden gemacht.“[100]

Sickingen als Revolutionär

Die Beschäftigung mit Goethes *Götz* durchzieht die umfangreiche Diskussion. Sickingen und Hutten sahen sich als Revolutionäre und waren sogar Träger moderner Ideen, die „andrerseits in der Tat aber ein reaktionäres Klasseninteresse vertraten“[101]. Lassalle stimmte Marx‘ Urteil über den historischen Götz von Berlichingen zu, sah ihn als „durchaus rückwärts gewandten Burschen“ und erklärte Goethes Wahl des Stoffes mit „dem Mangel an historischer Anlage in dem Geist Goethes“[102]. Goethes *Götz* lehnte Lassalle jedoch dennoch ab, weil Goethe „ja das positive Interesse“ auf diesen Götz richte, das diesem nicht zukomme.

Naturalistisches Bauernkriegsdrama

Goethes Stück wirkte auch auf naturalistische Bauernkriegs-Dramen wie **Gerhart Hauptmanns** *Florian Geyer* (1896). Hauptmann orientierte sich frühzeitig, wie sein Tagebuch ausweist, an Goethes Stück. Wenn Hauptmann schreibt „Berlichingens Geschichten: vom Bamberger, vom Lersen etc.“[103], so bezog er sich auf Goethes Stück, denn nur im Stück trat Lerse auf. Seine „Tragödie des Bauernkrieges“, wie Hauptmann sie nannte, setzte dramaturgisch Goethes Stück fort: Eine vergleichbare Fülle von Gestalten handelte, die sozialen Gruppen wurden ebenfalls von den Herrschern bis zu den Bauern, Hausierern und fahrenden Musikanten vorgeführt. Auch inhaltlich schloss sich Hauptmann an Goethe an: Über Götz wird gesprochen, der Konflikt mit dem Bischof von Bamberg wird genannt, und Götz tritt selbst auf, „unwirsch und ablehnend“, zu-

---

100 Marx: *Die Sickingen-Debatte*, S. 180.
101 Ebd.
102 Ebd., S. 199.
103 Gerhart Hauptmann: *Tagebuch 1892 bis 1894*. Hrsg. von Martin Machatzke. Berlin: Propyläen 1985, S. 61.

dem „kaum andere als hämische Beachtung" findend[104], wie es in einer Regieanmerkung heißt. Er nimmt am „Versammlungsrat aller Haufen gemeiner Bauernschaft" teil, trägt sich aber wohl mit dem Gedanken, wie Anwesende vermuten, mit den Bauern gegen „seinen alten Feind, den Bamberger" zu ziehen. Das Stück Goethes schimmert durch: Der fahrende Schüler Martin ist eine Mischung aus Goethes Bruder Martin und Georg, er urteilt ironisch über die heiligsten Gegenstände und ist ganz protestantisch geprägt. Er meldet Protest gegen den Bamberger Bischof an, als wäre er Goethes *Götz* entstiegen, auch wenn er sich sarkastisch auf die Schule des Scholastikers Occam beruft. Die dramatischen Entwicklungen sind schwer zu verfolgen, „weil der ausgebreitete Text mehr beschreibenden als szenischen Charakter hat. Den milieuintensiven Schilderungen wird mehr vertraut als der organisierten Handlung (...) Die dramatischen Handlungen vollziehen sich außerhalb der Szene; über sie wird lediglich berichtet."[105] Aber Hauptmanns Stück ist auch ein Gegenentwurf zu Goethe: Es ist nicht die Tragödie des Bauernkrieges oder eines untergehenden Selbsthelfers, sondern die Tragödie der Unentschiedenheit Geyers, womit Hauptmann eines der vielen Beispiele schafft, in denen er die eigene Unentschiedenheit thematisierte. Der Kritiker Fritz Engel betrachtete Goethes *Urgötz* als „Nachbar von Hauptmanns Geyer, ein Bauernritter, ein süddeutsch mundartlicher Mann und deshalb auch noch ein schwärmendes Kind, eine Faust und ein Herz, eine Energie und Güte: ein Mensch"[106].

---

104 Gerhart Hauptmann. *Florian Geyer*. In: Ders.: Sämtliche Werke (Centenar-Ausgabe). Hrsg. von Hans-Egon Haas. Berlin. Propyläen, 1996, Bd. 1, S. 616.

105 Rüdiger Bernhardt: *Der ungeehrte Luther. Annäherung an ein Problem im Umkreis von Gerhart Hauptmanns „Florian Geyer"*. In: Wiss. Zeitschrift Universität Halle. 32. Jahrgang/1983, Heft 5, S. 9.

106 Fritz Engel, Berliner Tageblatt 19. Oktober 1930. In: Rühle, S. 1031.

Der schwedische Dramatiker **August Strindberg** hatte Ähnliches am 13. Mai 1902 an seinen deutschen Übersetzer Schering geschrieben:

> „Nachdem ich eben *Götz* gelesen habe, konnte ich mich mit *Florian Geyer*, den Sie mir sandten, nicht befreunden, kämpfe mich aber durch. Der ist gut gearbeitet, aber der Geist fehlt! Der ist so sorgfältig studiert, dass man wünschte, er wäre schlechter. Ein Kunstwerk soll etwas nachlässiger sein, unvollkommen wie ein Naturerzeugnis.“[107]

Strindberg erhebt *Götz* zum Muster

Strindberg erhob *Götz* zum Muster. Am 31. 12. 1903 schrieb er wiederum an seinen Übersetzer: „Für solche geschichtlichen Epochen wie Luthers Leben muss die Shakespeare-Götz-Form verwandt werden (…) Ich las den *Götz* und bekam Courage.“[108]

Im Kaiserreich galt der *Götz* als patriotisches Stück und fand entsprechende Aufmerksamkeit.

Götz im 20. Jahrhundert

Ernst Legals Inszenierung von 1930

Es gab moderne Inszenierungen, die Aufsehen erregten und Zuschauer wie Presse begeisterten. So verantwortete der Regisseur Ernst Legal (1881–1955) eine im Staatlichen Schauspielhaus am Gendarmenmarkt in Berlin vom 18. Oktober 1930. In ihr sahen die Kritiker und Zuschauer ein Bekenntnis zur Freiheit, Träger der Idee war Götz: „Ritter Gottfried beugt sich vor seinem Kaiser, aber die Fürsten sind ihm verhasst.“ Legal benutzte für seine erste Inszenierung als Intendant den *Urgötz*. Darsteller der Titelgestalt war

---

107 August Strindberg: *Samlade Skrifter*. Band XIV, utgiva av Torsten Eklund. Stockholm, Brief Nr. 4715.

108 Ebd., Nr. 4932.

Heinrich George als Götz

Heinrich George (1893–1946), der den Götz in der Maske Albrecht Dürers spielte und darin die populärste Rolle seiner Schauspielerkarriere fand, gerade in der NS-Zeit. (Er spielte sie Hunderte Male im folgenden Jahrzehnt, auch auf dem Frankfurter Römerberg und bei den Heidelberger Festspielen.) Die Presse war voll des Lobes, obwohl man anmerkte, dass Legal aus Achtung vor dem Text in ihn kaum eingegriffen hatte – unverständlicherweise verzichtete er jedoch gerade auf die Femeszene – und selbst das Motto von Albrecht von Haller mitgespielt worden sei.[109] Dass der Götz Heinrich Georges so viel Zuspruch bekam, lag daran, dass Legal ihn nicht als historisch überholten Ritter spielen ließ, sondern als bürgerlichen Familienvater und Freund; auch das gibt Goethes Text her. Paul Fechter schrieb: „Das Ritterliche tritt stärker in den Hintergrund, dafür steht der einfache, nicht sehr kluge, aber starke männliche gradlinige Mann, mit seiner Wärme und Weichheit sehr schön und lebendig da."[110]

Götz in der NS-Zeit

George fand im *Götz* bereits in der Weimarer Republik seine Glanzrolle; der Ruhm setzte sich im Dritten Reich fort. Goethes Stück gehörte sonst nach 1933 beiläufig Aufmerksamkeit auf den Bühnen. Eine eindrucksvolle Inszenierung gab es 1937; Richard Weichert inszenierte das Stück in der Volksbühne. 1943 wurde festgestellt, dass *Götz von Berlichingen* am Deutschen Theater (DT) in Berlin seit dem Machtantritt der Nazis nicht gespielt worden sei. Einerseits wurde im Spätherbst 1943 die 17. SS-Panzergrenadier-Division *Götz von Berlichingen* aus Resten anderer Einheiten gegründet – es sollte an die unerbittliche Kampfbereitschaft des Reichsritters erinnert werden –, andererseits entsprach der Selbsthelfer Goethes nicht den Vorstellungen von einer vollständigen Schicksalsgläubigkeit.

---

109 Monty Jacobs, Vossische Zeitung. Berlin, 19. Oktober 1930. In: Rühle, S. 1028.
110 Paul Fechter, Deutsche Allgemeine Zeitung, Berlin 19. Oktober 1930. In: Ebd., S. 1030.

George fügte seinem Götz weitere Rollen hinzu, stets „ein Herold der Geschichte“, dennoch „kein heroisches Stück“[111] Nach 1945 interessierte man sich für den sozial brisanteren *Urgötz*, gerade in der DDR. Als 1982 Peter Sodann, damals Schauspieldirektor am Landestheater Halle, später Tatort-Kommissar und Intendant des nt (neues theater) Halle, seinen Beitrag zum Goethe-Jahr anlässlich des 150. Todestages leisten wollte, griff er ebenfalls auf die Urfassung zurück. In den provokanten *Thesen zur Inszenierung* bekam Götz ein anderes Profil: „In dieser Zerrissenheit [der Nation, R. B.] spielte ein Ritter wie Götz von Berlichingen eine durchaus reaktionäre Rolle.“[112] Die Inszenierung wollte die Geschichte junger Leute erzählen, die gegenüber den zerrissenen Verhältnissen ihre Ansprüche geltend machten. Man ließ dabei den Figuren Gerechtigkeit widerfahren. Götz, so die These 3, kämpft grundehrlich und fair, Weislingen steht auf der Seite des (gesellschaftlichen) Fortschritts. Die Inszenierung wurde in der Öffentlichkeit heftig diskutiert. Die Ursache dafür war, dass die Inszenierung allen Figuren eine moralische Berechtigung beließ und ihre Idealisierungen ebenso wie ihre Verketzerungen zurücknahm. Götz wurde, was nicht schwer war, dadurch ebenso legitimiert wie, was weit schwerer war, Adelheid und Weislingen, wodurch eine Art historische Gerechtigkeit entstand.

Reaktionärer Götz, fortschrittlicher Weislingen?

Auf den deutschen Theatern in Ost wie West war Goethes *Götz von Berlichingen* nach 1945 immer präsent; die Spielpläne hatten ihn im Kanon, ohne dass das Stück bei den Aufführungszahlen Spitzenplätze belegte. Auch Freilichtbühnen – das Harzer Bergtheater Thale in der Spielzeit 2000/2001 – nutzten das spannende

Götz auf dem Theater der Gegenwart

111 Günther Rühle: *Theater in Deutschland 1887–1945. Seine Ereignisse – seine Menschen*. Frankfurt am Main. S. Fischer Verlag, 2007, S. 908.

112 Programmheft: *Goethe. Götz*, Heft 8/1982 (Premiere 10. Oktober 1982).

Späte Aufwertung des *Urgötz*

Geschehen. Dabei wurde oft die Frage gestellt, ob nicht der *Urgötz* das wichtigere Stück sei. Darauf verständigte sich z. B. eine Inszenierung (Regie: Horst Schönemann) im Deutschen Theater (DT) Berlin 1974. Götz und Weislingen wurden fast gleichwertige Personen, wodurch die politischen Machtverhältnisse deutlich herausgearbeitet werden konnten: „Gottfried (…) ist selbsthelferischer Aufrührer wider Willen. Er steht zwischen allen Fronten."[113] Diese Anlehnung an den *Urgötz* blieb bis in die Gegenwart als produktive Möglichkeit eines besonders handlungsintensiven Spiels erhalten. 2007 brachte das Vogtland-Theater Plauen den *Götz* auf die Bühne (Regie: Karl Georg Kayser) und führte Götzens Gesellschaftsentwurf (R 80,4 ff./HL 63,19 ff.) ironisch ad absurdum, auch im Angesicht der „Zeitlosigkeit der Geschichte"[114], optisch dadurch betont, das die modernen Kräfte in heutiger Kleidung agierten. 2012 wurde im Eduard-von-Winterstein-Theater Annaberg-Buchholz die Oper *Götz von Berlichingen* des österreichisch-ungarischen Komponisten jüdischer Herkunft Karl Goldmark (1830–1915) wiederentdeckt, die 1902 in Budapest uraufgeführt worden war, 1910 in einer Neufassung ihre zweite Uraufführung erlebte und bis 1933 oft gespielt worden war. Goldmark galt um 1900 als einer der berühmtesten europäischen Komponisten, der selbst mit Richard Wagner verglichen wurde. Die Oper nutzte vor allem das im *Urgötz* vorhandene übergreifend zeitlose Moment der Ereignisse: „der gerechte Ritter mit der eisernen Hand, ein Mann der Freiheit, Streiter gegen Korruption des Adels und der Kirchenfürsten. Das Schauspiel hat rebellisches Potenzial, das in der Oper erhalten bleibt, wenn auch abgelenkt und unscharf."[115]

Karl Goldmarks Oper *Götz von Berlichingen*

---

113 Rainer Kerndl: *Ein Mann, der zwischen alle Fronten gerät*. In: Neues Deutschland (Berlin) vom 3. April 1974.

114 Uta Trinks: *Ritterliche Wertediskussion*. In: Freie Presse (Chemnitz) vom 14. Mai 2007.

115 Reinhold Lindner: *Gut zu hören, gut zu sehen*. In: Freie Presse (Chemnitz) vom 2. Mai 2012.

5. MATERIALIEN

Am 12. April 1774 führte die Koch'sche Truppe Goethes Stück im historischen Kostüm auf. Es erschien dem Publikum mit seinen formalen Neuerungen als eine echte Monstrosität:

Geschockte Zuschauer bei Uraufführung

„Die Zerstückelung der reichen, bunten Handlung war noch größer als die der Haupt- und Staatsaktionen, deren man sich wohl erinnerte, aber die man nicht zurückwünschte. Man konnte sich nicht orientieren, die Kürze der meisten Szenen ließ keinen Eindruck fest werden. Dazu hatte diese markige Wahrheit der Gestalten etwas Erschreckendes, man sah die bisherige Natürlichkeit überboten. Kurz, das Werk machte auf der Bühne durchaus nicht die Sensation, welche alle diejenigen erwartet hatten, welche darin die Verkündigung einer neuen Zeit anerkannten."[116]

Entscheidende Wirkungen hatte diese Aufführung durch ihre Kostüme. Es war üblich, die meisten Stücke, sofern sie nicht antike Kleidung erforderten oder als Gegenwartsstücke galten wie die Lessings, in französischer Hoftracht, mit gepuderter Frisur und Galanteriedegen, zu spielen. Das passte beim *Götz* nicht. Damit ging die Uraufführung des Stückes einher mit der Einführung charakteristischer Kostüme und Bühnenbilder.

Wo sind die gepuderten Perücken?

„So deckte Goethes *Götz* denn schonungslos auf (...), dass das bisherige konventionelle Kostüm nur ein Ergebnis der bisher gültigen konventionellen Poesie und der konventionellen Darstellungsweise gewesen war."[117]

---

116 Devrient, Band 1, S. 428 f.
117 Ebd., S. 429.

Im gleichen Jahr wurde das Stück auch in **Hamburg** durch **Friedrich Ludwig Schröder** (1744–1816), den Direktor der ackermannschen Truppe, aufgeführt. Ort und Zeit der Handlung wurden möglichst genau durch die Kostüme und die Dekoration beschrieben, und so wurde auf andere Art wieder eine „Einheit" hergestellt. Dem Zuschauer kam entgegen, dass an der Kasse eine gedruckte Abfolge der Szenen verteilt wurde, um den Zuschauer über die Ortswechsel zu informieren. Trotz aller Bemühungen war das Hamburger Publikum von der mittelalterlichen Buntheit des Stückes überfordert.

1924 wurde **Friedrich Wolfs** *Der arme Konrad* uraufgeführt; es war ein Bauernkriegsdrama. Mehrfach nahm Wolf zu dem Thema Stellung. Nach dem Ende des Zweiten Weltkrieges ging es erneut um gesellschaftliche Neuordnungen und die nationale Einheit. Wiederum wurde auch der Vergleich zu Goethes *Götz* gesucht:

„Erstes nationales Drama der Deutschen"

„Gilt die *Emilia Galotti* trotz ihres italienischen Sujets als das erste deutsche bürgerliche Drama, so ist der *Götz von Berlichingen* das erste *nationale Drama* der Deutschen. So hat es gleich bei seinem Erscheinen in stürmisch aufregender Weise gewirkt (...) außer dem Freiheitsruf durchbebt noch ein großer Gedanke den *Götz*: In dem Gespräch mit Weislingen wettert Götz gegen die egoistischen, raubgierigen kleinen Fürsten, gegen die Zerrissenheit des Landes, und später, bei der Belagerung der Burg, hebt er feierlich seinen Becher auf den Kaiser, den damaligen *Repräsentanten der Reichseinheit*."[118]

Götz „zu den Akten" legen

Radikal ging ein erfolgreicher Dramatiker des 20. Jahrhunderts mit dem *Götz* um: **Peter Hacks**. Er, der sich selbst als die Inkarnation

118 Friedrich Wolf: *Zeitprobleme des Theaters. Die kulturpolitische Situation und die Bedeutung der Volksbühne.* Berlin: Verlag Bruno Henschel und Sohn, 1947, S. 27 f.

Goethes im 20. Jahrhundert sah, fühlte sich Goethe nur nahe, wenn er den Götz „gedanklich zu den Akten“ legen konnte, denn für ihn war Götz eine Gestalt der Romantik – das war weniger historisch als kritisch gemeint, denn Romantik war für Hacks immer reaktionär –, ein Raubritter:

„(...) in der nachhinkenden Tatsächlichkeit des Lebens wimmelt Europa von jenen verarmten oder enteigneten ritterständischen Reichsunmittelbaren, in deren Kopf das Wort Freiheit von dem Namen Freiherr sich ableitet“[119].

Peter Sodanns letzte These

Es wurden immer wieder Versuche unternommen, das „Monstrum“, wie die Zeitgenossen das Stück bezeichneten, auf die Bühne zu bringen. Die letzte These aus der Inszenierung von Peter Sodann 1982 in Halle lautete:

„Goethes Text bedarf keiner vordergründigen Aktualisierung. Vielmehr sind die geschichtlichen Hintergründe des Texts freizulegen und durchschaubar zu machen. Der Abstand zum *Götz* ist genauso wichtig wie seine Verbundenheit mit dem Heute. So frei und willkürlich Goethe auch immer mit dem historischen Material umgegangen ist – dahinter erscheint eine tiefe historische Wahrheit. Die schmerzhaften Folgen der Ablösung alter Verhältnisse durch neue, das Aufbrechen großer Konflikte in Zeiten gesellschaftlichen Umbruchs, ihre zeitweilige Unlösbarkeit für den einzelnen wie auch für die Gesellschaft – all das sind geschichtliche Erfahrungen, die wir heute nicht entbehren können.“[120]

---

119 Peter Hacks: *Über eine Goethesche Auskunft zu Fragen der Theaterarchitektur*. In: Ders.: Die Maßgaben der Kunst. Gesammelte Aufsätze 1959–1994. Hamburg: Edition Nautilus, 1996, S. 291.

120 Landestheater Halle (Hrsg.), Redaktion Erhard Preuk, Halle 1982, Heft 8, S. 6.

6. PRÜFUNGSAUFGABEN MIT MUSTERLÖSUNGEN

Unter www.königserläuterungen.de/download finden Sie im Internet zwei weitere Aufgaben mit Musterlösungen.

Die Zahl der Sternchen bezeichnet das Anforderungsniveau der jeweiligen Aufgabe.

Aufgabe 1 **

Das Stück wurde berühmt durch seine sprachliche Gestaltung. Beschreiben Sie die sprachlichen Mittel und Differenzierungen.

Mögliche Lösung in knapper Fassung:

ANALYSE

Wird der Titel des Stücks *Götz von Berlichingen* genannt, so funktioniert der Titel oftmals stellvertretend für ein bestimmtes Zitat des Stückes. Das Stück wurde überhaupt berühmt durch seine Zitate, besonders aber durch das wohl bekannteste Zitat der deutschen Kulturgeschichte überhaupt. Der historische Götz von Berlichingen hatte es in seiner Autobiografie bereits vorgegeben; einem Amtmann habe er gesagte, „er sollte mich hinten lecken" (BA 7, 868). Obwohl diese Formulierung bereits deutlich war, wurde der junge Goethe, dem Sturm und Drang und seiner sprachlichen Kraft und Deutlichkeit folgend, in seinem *Urgötz (Geschichte Gottfriedens von Berlichingen mit der eisernen Hand)* 1771 deutlicher: Götz von Berlichingen entgegnet einem Trompeter der kaiserlichen Exekutionstruppen, die gegen ihn ausgeschickt werden, als Botschaft für seinen Hauptmann: „Vor Ihro Kaiserlichen Majestät hab ich, wie immer, schuldigen Respekt. Er aber, sag's ihm, er kann mich im

Das berühmte Götz-Zitat

Arsch lecken." (BA 7, 87) In der Neufassung von 1773 entfielen die entscheidenden Worte: „Er aber, sag's ihm, er kann mich – – –". Indessen kannten die Freunde die Stelle und hatten damit ihre Schwierigkeiten, wenn sie an Inszenierungen dachten. Es war damals durchaus üblich, die Worte, die weltberühmt geworden sind, zu überspielen. Als 1774 Johann Friedrich Reinecke (1745–1787) in Hamburg den Götz spielte, schlug er vor den entscheidenden Worten das Fenster zu, „ohne dieselben, wie er doch soll, dem Trompeter laut zuzurufen". So blieb das berühmte Zitat in dieser Inszenierung unverständlich.

Als Goethe Bearbeitungen seines Stückes vornahm, um es auf die Weimarer Bühne zu bringen, benutzte er eine gemilderte Form: „Er aber, sag's ihm – er kann zum Teufel fahren." (BA 7, 350) Trotz dieser Milderungen und Verdrängungen blieb das ursprüngliche Zitat unvergessen und rief eine eigene Sekundärliteratur, Sammlungen von Übersetzungen in alle verbreiteten Weltsprachen und manche juristische Interpretation hervor. Immer wieder versuchten Regisseure, diesem bekanntesten Goethe-Zitat eine neue Wirkung abzugewinnen. 1930 ließ der Regisseur Ernst Legal den Götz die Worte schnarren, als wäre er ein Offizier der Potsdamer Garde. Im Gefolge dieses Zitats wurden andere Textstellen des Stückes zu geflügelten Worten, darunter „Es wird einem sauer gemacht, das bisschen Leben und Freiheit", „Wo viel Licht ist, ist starker Schatten" und „Die Welt ist ein Gefängnis".

Provokation des bürgerlichen Publikums

Für den Leser oder Hörer von heute ist diese Sprache des Stücks zum Teil ungewohnt; sie war die Kraftsprache der Jugend um 1770 und diente auch der Provokation der seriösen Bürger und der Zerstörung höfischer Etikette. Zudem hatte Goethe sehr bewusst sprachliches Material aus dem 16. Jahrhundert in das Stück einbezogen, schon durch die Verwendung der *Lebens-Beschreibung* des Götz.

Zwei Sprach-Parteien

Die Zitate machen deshalb nur einen Teil der sprachlichen Wirkung aus. Das Stück insgesamt ist sprachlich außerordentlich differenziert. Zuerst lassen sich zwei sprachliche Ebenen feststellen, die sich aus den gegensätzlichen Parteien ergeben, aber nicht auf sie beschränkt bleiben. Im Umkreis von Götz und seinen Verbündeten spricht man eine oberdeutsche, fränkische Mundart, die auch von den Bauern benutzt wird. In diese sprachliche Gestaltung werden zahlreiche Zitate aus der Lutherbibel einbezogen. In den höfischen Kreisen in Bamberg, im Umfeld von Adelheid und Weislingen und dem Kaiser spricht man Hochdeutsch mit nur sehr geringen dialektalen Anklängen. Hier werden Fremdwörter, teils berechtigt, teils unberechtigt einbezogen, die die Hohlheit und Oberflächlichkeit bei Hofe ausweisen, denn manche der Fremdwörter verstehen diejenigen, die sie verwenden, nicht oder nicht richtig. Eine weitere Differenzierung findet sich innerhalb des Umfeldes von Götz von Berlichingen: Geht es um die alltäglichen Geschäfte der Familie, wird auf die zeitgenössischen sprachlichen Mittel des 16. Jahrhunderts verzichtet und eine schlichte Hochsprache des 18. Jahrhunderts gesprochen. Ähnlich verhält es sich mit den kindlichen Lehrstunden, die Carl von Berlichingen von Maria erhält. Diese Szenen sind nicht als spezifische Szenen des 16. Jahrhunderts anzusehen, sondern sie entsprechen einer Wirklichkeit, die im 18. Jahrhundert gültig ist.

Lautliche Sprachgestaltung

Nur angedeutet werden kann, dass der semantischen und grammatischen auch die lautliche Sprachgestaltung angepasst worden ist. Es finden sich oberdeutsche Wörter und Wörter aus der Lutherbibel bzw. den Luther-Predigten wie das verbreitete „nit" statt „nicht". Daneben finden sich Verkürzungen der Endungen der finiten Verbformen, Synkopen (Auslassung eines unbetonten Vokals zwischen Konsonanten im Wortinnern) und Elisionen (Auslassung eines auslautenden Vokals, vorwiegend des „e") wie „kürzern" statt „kürzeren". Der Artikel entfällt manchmal völlig („an Kopf", R 9,8/HL 6,14; „in Weg", R 74,13/HL 58,29). Diese, vorwiegend archaisierend wirkenden Erscheinungen finden sich durchgehend und bevorzugt in den Volksszenen, bei den einfachen Menschen wie Bauern und Reitern sowie auch bei Götz'. Aus der Vielzahl der sprachlichen Möglichkeiten entsteht eine sprachliche Struktur, die auf das nationale Anliegen des Sturm und Drang zurückgeht und eine Identifikation mit Thema und Sprache ermöglicht.

Aufgabe 2 **

Goethes *Götz von Berlichingen* gilt als Stück unter dem Einfluss Shakespeares. Skizzieren Sie die Bedeutung Shakespeares für Goethe und dieses Stück.

Mögliche Lösung in knapper Fassung:

BESCHREIBUNG

Bereits während seiner Leipziger Studienzeit lernte Goethe den englischen Dramatiker kennen, so bei der Eröffnung eines festen Theaters. Der Aufenthalt in Straßburg brachte Goethe intensiver mit Shakespeares Werk in Verbindung. Den Boden für die Aufnahme Shakespeares in Deutschland hatte Lessing geschaffen, der zuerst im *17. Literaturbrief* auf den englischen Dramatiker hingewiesen hatte, in seiner *Hamburgischen Dramaturgie* mehrfach auf Shakespeare zu sprechen gekommen war und im 93. Stück vom 22. März 1768 den Engländer zum „vollkommenen Muster" erklärt und gegen die französischen Dramatiker polemisiert hatte. Bereits Ende der sechziger Jahre betrachtete Goethe Shakespeare als seinen Lehrer. Was reizte die Stürmer und Dränger an Shakespeare? Fast alle ließen sich in Essays und Studien über den Dramatiker aus; die Texte von Herder, Lenz und Gerstenberg wurden berühmt. Ihnen ist gemeinsam, dass sie das überragende historische Individuum

Shakespeare und die Stürmer und Dränger

bei Shakespeare fanden, das mit der Gesellschaft in Konflikt gerät, woraus Auseinandersetzungen entstehen, die nur vom Dichter in seiner Tragweite erkannt werden können. Damit rückt der Dichter in eine ähnlich bedeutende Rolle wie das überragende Individuum.

Rede zum Schäkespears Tag

Shakespeare wurde so zum Vorbild für eine Generation, die sich von der französischen Klassik, wie sie durch Gottsched in Deutschland gefördert wurde, abzusetzen begann. Die Ergebnisse von Goethes Beschäftigung mit Shakespeare waren die *Rede zum Schäkespears Tag* und *Götz von Berlichingen*. Am 14. Oktober 1771 hatte der junge Goethe, unterstützt von seiner Schwester, zum Namenstag Shakespeares Freunde in sein Geburtshaus in Frankfurt eingeladen, darunter auch Herder, dem er ankündigte, diesen Tag „mit großem Pomp" zu begehen. Auch in Straßburg hatte er eine Feier angeregt, bei der sein Freund Lersé die Festrede hielt. In der Rede wird Shakespeare umschrieben als „größter Wanderer" auf dem Weg in die Unsterblichkeit.

Obwohl Götzens Name in der Rede nicht fällt, ist das Stück doch ständig gegenwärtig: Der junge Goethe sagt sich zuerst vom „regelmäßigen Theater" los, von der Einheit von Ort, Zeit und Handlung. Dadurch konnte in der Dramatik die Einbildungskraft vollständig und ungezügelt freien Lauf bekommen. Auch wenn hier nicht der Titel des *Götz von Berlichingen* fiel, waren das doch deutliche Bezüge zum Stück, das ein herausragendes Ich behandelt und es in eine Reihe mit Menschen von „kolossalischer Größe" stellt. Weniger lassen sich, so Goethe, die Neuheiten erklären, sie lassen sich nur fühlen, und zu diesem Zweck stellt er neben Shakespeare Homer. Shakespeares Menschen sind, so Goethe, nichts anderes als Natur, sie sind wie von Prometheus geschaffen, nur sind die Menschen bei Shakespeare von „kolossalischer Größe".

Rede die Theorie, das Stück die Praxis

Was er in seiner Rede propagierte, setzte er im *Götz von Berlichingen* um. Das beeinflusste zuerst die Suche nach dem Stoff, der ein geschichtlicher zu sein hatte und nationale Größe besitzen musste. Es gilt zuerst für den Titelhelden, der bereits im Titel mehr als nur Menschliches zur Verfügung hat, die eiserne Hand. Es war „die Gestalt eines rohen, wohlmeinenden Selbsthelfers in wilder, anarchischer Zeit" (BA 13, 446); dabei bedeutete „roh" hier – neben vielen anderen Bedeutungen – wie es auch Wieland gebrauchte: einfach. Alles weist auf die „kolossalische Größe" hin. Dass in dem Stück die Dreieinheit, vor allem die Einheit von Ort und Zeit aufgegeben wurde, liegt bei der Vielzahl von Orten und den zeitlichen Sprüngen auf der Hand. Auch der soziale Querschnitt, den das Stück bietet, findet Parallelen in den Stücken Shakespeares. Schließlich lassen sich einige Szenen direkt auf entsprechende Szenen bei Shakespeare, vor allem in *Macbeth*, zurückführen und Zitate Goethes bei Shakespeare finden. Eine ästhetische Grundfrage wurde von Goethe von Shakespeare aus beantwortet: In seinen Stücken herrschen die Grundgesetze der Moral, also auch das Böse als „die andre Seite vom Guten", und das verhalte sich so, da die Natur nur aus Gegensätzen bestehen kann. Natur und Moral entspringen den gleichen Gründen, sind einander ähnlich und werden von einer Spannung getragen, die in ihrer Setzung von Gut und Böse bereits dialektische Züge aufweist. Die ausgeprägte Spieglung der charakterlichen Eigenschaften, die das Figurenensemble des *Götz von Berlichingen* strukturieren, dürfte hier ihre ästhetische Begründung finden.

Gut und Böse

Den Zeitgenossen fiel die Verwandtschaft von Goethes Schauspiel mit den Stücken Shakespeares sofort auf; sie begrüßten den *Götz* enthusiastisch, bescheinigten ihm Originalität – ein Schlagwort des Sturm und Drang – und Ähnlichkeiten mit Shakespeares Formen und Geist.

Die Beschäftigung mit Shakespeare lag damals in der Luft; die Stürmer und Dränger leisteten alle dazu ihren Beitrag. Goethes Vorhaben war deshalb so gesehen weder besonders auffällig noch besonders gewagt. Aber die Konsequenz, mit der er dem Vorbild folgte und es dabei für sich selbst variierte, und das Ergebnis dieser Bemühungen waren bewundernswert.

Aufgabe 3 ***

Beschreiben Sie die innere Struktur des Schauspiels *Götz von Berlichingen*.

Mögliche Lösung in knapper Fassung:

BESCHREIBUNG

Goethe betrachtete seine erste Fassung, die heute als *Urgötz* bekannt ist, als Skizze und Entwurf; im Titel findet sich der Begriff „Geschichte". Damit wird in zweifacher Weise auf die Nähe zur Vorlage, der *Lebens-Beschreibung* Gottfried von Berlichingens verwiesen: Einmal geht es um Geschichte, um die Historie der Ritterschaft, zum anderen geht es um eine Geschichte, eine Lebensgeschichte, die erzählt wird. Es werden in der ersten Fassung Ausschnitte nach dem Ablauf der Lebensgeschichte gereiht; die Akteinteilung ist erst später eingefügt worden und hat nur eine geringe gliedernde Bedeutung. Sie war wohl gedacht, um der üblichen Erwartungshaltung des damaligen Publikums, das an das strenge antike oder klassizistische Drama gewöhnt war, gerecht zu werden.

Zwei Handlungslinien

Anders dagegen die zweite Fassung von 1773: Ihr wurde die Genrebezeichnung „Schauspiel" mitgegeben. Die freie Form in der Nachfolge Shakespeares hatte Goethe zuerst so verstanden, dass er auf eine dramaturgische Gliederung in Akte und Szenen verzichten konnte. Doch stellten sich, in der Neufassung sehr viel deutlicher als zuvor, zwei Handlungslinien vor, die miteinander verbunden waren, aber unterschiedlichen Abläufen folgten und den Anspruch, ein Schauspiel zu sein, stützten. Götz von Berlichingens Anteil an der Handlung war eine Abfolge von Überfällen, Kämpfen, Fehden,

Belagerungen, Verhören und Gefangenschaften, endend mit dem Tod. Es sind Stationen auf dem Lebensweg eines Ritters, dem seine historische Bedeutung abhanden gekommen ist und der zur Sicherung seines Lebensunterhaltes zum Raubritter geworden ist und dadurch in Widerspruch zu den Territorialfürsten ebenso wie zum Kaiser gerät. Diese Handlung tendiert zum Stationenstück, wie es sich erst später bei Georg Büchner vollständig ausbildete. Die zweite Handlung ist die um Weislingen und Adelheid.

Tendenz zum Stationenstück

Vom 2. Akt an konzentriert sich die Handlung um Weislingen auf Bamberg, Augsburg, sein Schloss und das Schloss Adelheids. Sie folgt einer steigenden und fallenden Handlung: Weislingen hat seine Reichsritterschaft aufgegeben und sich in den Dienst der neuen Macht begeben; dort ist er zu einem der mächtigsten Politiker aufgestiegen und wird mit bedeutenden Aufgaben betraut wie der, als Kommissar des Schwäbischen Bundes den Bauernaufstand niederzuschlagen und Götz gefangen zu nehmen. Daraus entsteht neben der Einheit der Handlung eine Art Einheit des Ortes (Hof und Schloss); es sind Orte der herrschenden Macht. Weislingens Befehl, seine Frau Adelheid „von Hof auf mein Schloss" zu bringen (R 103,14/HL 83,11), wird dem gerecht. Weislingen geht schließlich im Kampf um die Macht unter, denn in diesem Kampf wird die eigene Frau – Adelheid – zum Gegner, da sie selbst diesen Einfluss ausüben möchte und ihn sich durch die Partnerschaft mit dem Thronfolger auch erhoffen kann. Weislingen endet, wie es die klassische Dramaturgie fordert, im 5. Akt durch Mord. Tragische Züge bekommt sein Tod, weil er das Edle (Marie) aufgab, um Macht zu gewinnen, diese Macht ihm aber durch das Böse, dessen Repräsentant Adelheid ist, entzogen wird. Weislingens Weg durch das Stück folgt einer aristotelischen Dramaturgie: Vorgestellt als ein Repräsentant der neuen Macht, wird er in einen Konflikt zwischen Gut und Böse, ritterlicher Burg und höfischem Schloss, liebevoller Marie und kokottenhaft-

Aristotelische Dramaturgie

verführerischer Adelheid, reichsritterlicher Beschränkung und kaiserlicher Macht geführt, den er eindeutig entscheidet: Im 3. Akt ist Weislingen der Ratgeber des Kaisers; er ist auf dem Höhepunkt seiner Macht. Indem aber Götz seinen Weg – linear – weiter verfolgt, unterstützt von Sickingen, und Weislingens Pläne nicht in der erwünschten Art aufgehen, kommt Weislingen in Bedrängnis. Das schildert der 4. Akt mit einer fallenden Handlung, die zudem retardierende (aufhaltende) Momente in Fülle bietet. Nicht nur geht Weislingens Bedeutung bei der Sicherung der Macht verloren, er wird auch seine Frau an den Thronfolger Karl verlieren („... fast sollte man denken[,] du sähst sie [Karls Eigenschaften, R. B.] mit andern Augen." [R 93,17/HL 74,28]; „Du bist ein Weib. Ihr hasst keinen[,] der Euch hofiert" [R 93,25 f./HL 74,35 f.]).

Zwei gegensätzlich verlaufende Schicksale

Es treffen mit Götz und Weislingen zwei Schicksale aufeinander, die die gleichen Voraussetzungen und den gleichen Ausgangspunkt haben, die Exposition beider Handlungen stimmt deshalb überein. Aber dann verlaufen diese Schicksale auf unterschiedliche Weise: Der seiner historischen Rolle treu bleibende Götz, der seine soziale Bedeutung als Ritter objektiv verloren hat, weil die Ritterschaft historisch überflüssig geworden ist, folgt einem Leben, das ihn von Station zu Station zu seinem Ende führt. Der seine historische Rolle neu bestimmende Weislingen, der sich der neuen Macht verschreibt und dabei auch den neuen Konflikten in den Machtkämpfen ausgesetzt wird, steigt zu neuer historischer Macht auf und gerät in unmittelbare Nähe des Kaisers. Das aber ist Grund genug, ihm diesen Platz streitig zu machen und ihn zu beseitigen. Dass sich seine eigene Frau dieser Aufgabe annimmt, zeigt die Unerbittlichkeit dieser Auseinandersetzungen. So findet auch Weislingen sein Ende; es wird von ihm sogar mit den gleichen Worten, wie Götz sie wählt, erfasst – „meine Kraft sinkt nach dem Grabe" –, aber dieses Ende folgt einem anderen Lebensverlauf. Stationenstück einer gleichförmig auf ein Ende zuführenden Handlung und aristotelischer Handlungsverlauf mit steigender und fallender Handlung werden diesen beiden Lebensläufen gerecht, bilden sie szenisch ab und machen die Unterschiede deutlich.

Aufgabe 4 **

Die Frauengestalten in Goethes *Götz von Berlichingen* sind unterschiedlich gezeichnet. Nur Adelheid von Walldorf bekommt eine eigene Funktion. Gehen Sie den Unterschieden nach.

Mögliche Lösung in knapper Fassung:

ANALYSE

Die im Stück auftretenden Frauen sind wie die männlichen Konfliktparteien gruppiert: Auf der einen Seite stehen Götz und seine Anhänger, ihnen zur Seite Elisabeth und Maria. In diesen beiden Frauen spiegelt sich Biografisches wider, denn Elisabeth trägt Züge von Goethes Mutter, und Maria ist in mehr als einer Weise ein Abbild von Goethes früher Liebe Friedrike Brion, der gegenüber Goethe seine Schuld abtragen wollte, indem er den untreuen Weislingen – ein Alter Ego Goethes – sterben ließ. Auf der anderen Seite stehen der Bischof und Weislingen mit ihren Anhängern; ihnen beigeordnet ist Adelheid von Walldorf. In ihr finden sich mindestens vordergründig keine biografischen Erlebnisse gespiegelt. Außer diesen sich konträr gegenüberstehenden Parteien tauchen Frauen nur am Rande als Bäuerinnen und Zigeunerinnen auf.

Maria

Maria setzt dem ritterlichen Leben das ihr anerzogene klösterliche Leben entgegen und versucht, das auch auf Berlichingens Sohn Carl zu übertragen. Bemerkenswert für die Rolle der Frau in dieser Zeit ist, wie schnell sie den Verlobten wechseln muss und wie sich niemand für ihre wirklichen Gefühle interessiert. Im *Urgötz* ist diese Gefühlsverwirrung noch problematischer: Sickingen, der um die verlassene Marie wirbt und die ihn auch erhört, verfällt – so im *Urgötz* – kurz nach der Trauung fast willenlos der verführerischen Adelheid. – Noch weniger individualisiert dargestellt ist Elisabeth, Götz' Frau. Sie denkt und handelt wie ihr Mann und hat deshalb auch kein Verständnis für Maria. Da sie für den Haushalt in Jagsthausen verantwortlich ist, hat sie auch wenig Sinn für Götz' Utopien und bleibt bis zuletzt pragmatisch. Als Götz stirbt, weiß sie, dass es seine erhoffte Freiheit auf Erden nicht geben wird, nur „droben", während Maria Götz bereits zu glorifizieren beginnt.

Elisabeth

Adelheid

So bleibt Adelheid, die mit Abstand interessanteste und auffallendste Frau in dem Stück. Noch ehe der Zuschauer sie das erstes Mal sieht, kennt er sie, denn sie wird nach der gleichen Art vorgestellt wie die männlichen Hauptpersonen, im Gespräch: „(...) ein Engel in Weibergestalt macht es [Bamberg, R. B.] zum Vorhof des Himmels." (R 36,5 f./HL 27,18 f.) Eine solche Überhöhung trägt von vornherein ihr Gegenteil in sich, sonst würde sie langweilig. Geradezu raffiniert wird das Gegenteil entwickelt, wenn Weislingen nicht Adelheid als Engel sieht, sondern seine „sanfte Maria" mit ihrer „süße(n) Seele". Sie sei „weiß wie ein Engel des Himmels, gebildet aus Unschuld und Liebe", sie leite sein „Herz zur Ruhe und Glückseligkeit" (R 37,22 ff./HL 28,24 ff.). Damit ist nicht nur der Gegensatz der beiden Frauen bestimmt, sondern Maria wird in dieser Beschreibung bereits zur Unterlegenen. Nicht Ruhe geht von Adelheid aus, sondern Weislingens Knappe Franz gibt zu, dass ihre Gegenwart verwirrt, aber gerade deshalb fasziniert. In einem Monolog beschreibt er diese Faszination, die geradezu wahnsinnige Erregung. Eine außergewöhnliche Frau ist damit eingeführt. Erlebt hat sie Franz beim Schachspiel, bei dem sie sich mit dem Bischof vergnügte. Spiel und Intelligenz verbinden sich mit diesem Spiel. Als Adelheid in ihrem ersten Auftritt (2. Akt, Beginn) bei dem Spiel gezeigt wird, ist sie beiden Seiten des Spiels gewachsen: Sie besiegt den Bischof, und sie spielt mit den Männern. Liebetraut darf sie als „Wachtelpfeife" und als Lockvogel „benutzen", um Weislingen wieder an den Hof zu Bamberg zu bringen. In ihren Gesprächen erweist sie sich als redegewandt, auch gegenüber dem geübten Liebetraut, und als stilsicher – sie setzt im Beisein des Bischofs den Begriff „Bescheidenheit" ein, gegenüber Liebetraut geht sie an die Grenze des Obszönen (R 40,8 ff./HL 30,35 ff.). Sie ist gebildet, kennt sich in der Literaturtheorie („Antistrophe") und der zeitgenössischen Ritterliteratur („Teuerdank") aus. Mit ihren Verführungskünsten macht sie die Männer zu willfährigen Werkzeugen ihrer Ansprüche, die auf höchste Macht an der Seite eines Kaisers zielen. Sie ist die dämonische, mindestens leidenschaftliche Frau, wie sie die Sturm und Drang-Dichter liebten (Goethes *Stella* und *Clavigo*), für die ausbrechende Sinnenlust über alle Konventionen geht und die auch keine sozialen Schranken kennt: Adelheid geht mit dem Thronfolger Karl ebenso ins Bett wie mit dem Knappen Franz ihres Ehemannes, der schon ihr zweiter ist, und mit Sickingen, der sich gerade mit einer anderen Frau verlobt hat. Letztlich gehört dieser literarische Frauentypus zu den Vorstellungen der wilden und ungezähmten Natur (auch Femme fatales), mit der man(n) in Verbindung treten wollte. Das meinte Goethe wohl, als er davon schrieb, dass er sich in diese Frauengestalt verliebt habe. Sie ist das Produkt einer modernen höfischen Entwicklung, in der die Verfeinerung der Genüsse einhergeht mit der Auflösung traditioneller Bindungen. Erst als sie um der Macht willen vor Morden nicht zurückschreckt, überspannt sie den Bogen und wird, wiederum dämonisch geheimnisvoll inszeniert und mit viel Phantasie von Goethe ausgestattet, von einem Femegericht zum Tode verurteilt. Gleichzeitig wird ein Rächer (Mörder) ausgesandt, der sie umbringt. Im *Urgötz* wird dieser Schluss übersteigert, indem Adelheid beinahe den Rächer verführt, der wie jeder Mann von ihr fasziniert ist; aber als sie mit ihm zum Bett geht, versucht sie ihn zu erstechen, und er erdrosselt sie. Durch sie bekommt das Stück besondere Spannung; gleichzeitig dient sie der Aufwertung der anderen Frauengestalten, denn sie ist das Gegenbild zu Maria und Elisabeth, die traditionellen Frauenbildern entsprechen.

LITERATUR

1) Zitierte Ausgaben:

Goethe, Johann Wolfgang: *Götz von Berlichingen mit der eisernen Hand. Ein Schauspiel.* Stuttgart: Philipp Reclam jun., 2012 (Universal-Bibliothek Nr. 71) → Zitatverweise sind mit R unter der Angabe von Seite und Zeile gekennzeichnet.

Goethe, Johann Wolfgang von: *Götz von Berlichingen mit der eisernen Hand. Ein Schauspiel.* Husum/Nordsee: Hamburger Lesehefte Verlag, 2011 (9. Hamburger Leseheft) → Zitatverweise sind mit HL unter der Angabe von Seite und Zeile gekennzeichnet.

Zu den unterschiedlichen Textfassungen der zitierten Ausgaben s. S. 108 f. der Erläuterung.

2) Weitere Primärliteratur

Bode, Wilhelm (Hrsg.): *Goethe in vertraulichen Briefen seiner Zeitgenossen.* Bd. 1–3. Berlin und Weimar: Aufbau-Verlag, 1979, München, 1982.

Eckermann, Johann Peter: *Gespräche mit Goethe in den letzten Jahren seines Lebens 1823–1832.* Berlin: Aufbau-Verlag, 1962.

Eibl, Karl/Jannidis, Fotis/Willems, Marianne (Hrsg.): *Der junge Goethe in seiner Zeit. Texte und Kontexte.* In zwei Bänden und einer CD-ROM. Frankfurt/Main: Insel Verlag, 1998 → Auf der CD-ROM werden die Schriften des jungen Goethe eingebettet in historische Kontexte wie Rezensionen, Briefe und Zeugnisse von Zeitzeugen.

Goethe, J. W.: *Goethes Werke,* Bd. 4 (Hamburger Ausgabe). Durchg. von Wolfgang Kayser, hrsg. von Erich Trunz. München: C. H. Beck, 1981 → Sehr gut kommentierte Ausgabe für weiterführende Arbeit.

Goethe, J. W.: *Poetische Werke*, Bd. 7 (Berliner Ausgabe). Bearbeitet von Angelika Jahn. Berlin: Aufbau-Verlag, 1963 (und andere Bände der Berliner Ausgabe) → Sehr gut und weit greifend erläutert und kommentiert, eignet sich für speziellere Arbeiten; zitiert als BA mit Band- und Seitenangabe.

Herder – Goethe – Möser: *Von Deutscher Art und Kunst.* Leipzig: Verlag Philipp Reclam jun., 1960 → Darin Goethes *Von Deutscher Baukunst* und Mösers *Deutsche Geschichte.*

Götting, Franz (Hrsg.): *Chronik von Goethes Leben.* Leipzig: Insel, 1957.

Hartung, Ernst (Hrsg.): *Alles um Liebe. Goethes Briefe.* München-Ebenhausen: Wilhelm Langewiesche-Brandt, 1906.

Steiger, Robert/Reimann, Angelika (Hrsg.): *Goethes Leben von Tag zu Tag. Eine dokumentarische Chronik.* Bd. 1–8. München und Zürich: Artemis, 1982–1996.

3) Lernhilfen und Kommentare für Schüler

Bernhardt, Rüdiger: *Erläuterungen zu Johann Wolfgang von Goethe. Götz von Berlichingen.* Königs Erläuterungen und Materialien, Bd. 8. Hollfeld: C. Bange Verlag, 4., aktualisierte Auflage 2005 → Vorläufer des vorliegenden Bandes.

Ellenrieder, Kathleen: *Johann Wolfgang Goethe. Götz von Berlichingen.* Lektüreschlüssel für Schülerinnen und Schüler. Stuttgart: Reclam, 2010 (RUB Nr. 15331).

Hinderer, Walter: *Götz von Berlichingen.* In: Ders. (Hrsg.): Goethes Dramen. Interpretationen. Stuttgart: Reclam, 2010 (RUB Nr. 8417), S. 13–65.

Nägele, Rainer: *Johann Wolfgang Goethe: Götz von Berlichingen.* In: Interpretationen. Dramen des Sturm und Drang. Stuttgart: Reclam (1987) 2012 (RUB Nr. 8410).

Neuhaus, Volker: *Johann Wolfgang Goethe. Götz von Berlichingen.* Erläuterungen und Dokumente. Stuttgart: Reclam 1973, bibliografisch ergänzt 1994; 1999 (RUB Nr. 8122) → Materialreiche und gute Zusammenstellung von Aussagen und Zeugnissen zum Stück.

4) Sekundärliteratur:

Blumenthal, Hermann (Hrsg.): *Zeitgenössische Rezensionen und Urteile über Goethes „Götz" und „Werther".* Berlin: Junker und Dünnhaupt Verlag, 1935, S. 7–41.

Boyle, Nicholas: *Goethe. Der Dichter in seiner Zeit,* Bd. 1: 1749–1790. Frankfurt am Main und Leipzig: Insel Verlag, 2004 (insel taschenbuch 3025), S. 143–153 → Die spekulative Art des Interpretierens wird dem *Götz von Berlichingen* kaum gerecht. Manche Feststellung der hochgelobten Biografie gibt Rätsel auf wie die Feststellung, die zweite Fassung des *Götz* sei „nicht wesentlich verändert" (142) gegenüber dem *Urgötz.*

Buck, Theo: *Goethes Erneuerung des Dramas. „Götz von Berlichingen" in heutiger Sicht.* In: Heinz Ludwig Arnold (Hrsg): Johann Wolfgang von Goethe. München: edition & kritik (Sonderband), 1982, S. 33–42.

Devrient, Eduard: *Geschichte der deutschen Schauspielkunst.* In zwei Bänden neu herausgegeben von Rolf Kabel und Christoph Trilse. Berlin: Henschelverlag, 1967.

Friedenthal, Richard: *Goethe. Sein Leben und seine Zeit.* München: R. Piper & Co Verlag, 1963.

Gerstenberg, Ekkehard: *Recht und Unrecht in Goethes Götz von Berlichingen.* In: Neue Folge des Jahrbuchs der Goethe-Gesellschaft, Bd. 16 (1954), S. 258–271 → Der Aufsatz geht besonders auf die Helfenstein-Szene des *Urgötz* ein.

Hettner, Hermann: *Geschichte der deutschen Literatur im achtzehnten Jahrhundert.* 2 Bände. Berlin: Aufbau-Verlag, 1961 → Im 2. Band finden sich weiterführende Bemerkungen zum Stück, entwickelt auf der Grundlage zeitgenössischer Dokumente.

Höfer, Anja: *Johann Wolfgang von Goethe* (dtv portrait). München: dtv, 1999 → Eine kurze, übersichtliche und leicht verständliche Einführung in Leben und Werk.

Leistner, Bernd: *Im Zeichen des großen Anspruchs. Goethes Entwicklung zum Weimarer Klassiker.* In: Ders.: Spielraum des Poetischen. Berlin und Weimar: Aufbau-Verlag, 1985, S. 7–58.

Lenz, Jakob Michael Reinhold: *Über Götz von Berlichingen*. In: Ders.: Werke und Briefe in drei Bänden, Band 2: Prosadichtungen und Schriften. Hrsg. von Sigrid Damm. Leipzig: Insel-Verlag, 1987, S. 637–641.

Lösch, Michael: *Who's who bei Goethe.* München: dtv, 1998.

Mann, Otto: *Geschichte des deutschen Dramas.* Stuttgart, Alfred Kröner Verlag, 1963 u. ö. (Kröners Taschenausgabe Band 296) → Kurze, präzise Darstellung der dramaturgischen Besonderheiten des *Götz* und Vergleich mit Shakespeare.

Marx, Karl und Friedrich Engels / Ferdinand Lassalle: *Die Sickingen-Debatte*. In: Karl Marx / Friedrich Engels: Über Kunst und Literatur. 1. Band. Berlin: Dietz Verlag, 1967.

Mayer, Hans: *Goethe*. Hrsg. von Inge Jens. Frankfurt am Main: Suhrkamp Verlag, 1999.

Mehring, Franz: *Johann Wolfgang Goethe* (1899). In: Ders.: Gesammelte Schriften. Hrsg. von Thomas Höhle u. a. Band 10: Aufsätze zur deutschen Literatur von Klopstock bis Weerth. Berlin: Dietz Verlag, 1961, S. 51–61.

Müller, Peter: *Aber die Geschichte schweigt nicht. Goethes Geschichte Gottfriedens von Berlichingen mit der eisernen Hand, dramatisiert als Beginn der deutschen Geschichtsdramatik*. In:

Zeitschrift für Germanistik 8, Berlin: Humboldt-Universität, 1987, S. 141–159.

Nollau, Alfred: *Das literarische Publikum des jungen Goethe von 1770 bis zur Übersiedlung nach Weimar*. Mit einem Anhang: Neudrucke bisher unveröffentlichter *Götz*- und *Werther*-Kritiken der Zeit. Weimar: Verlag Hermann Böhlaus Nachf., 1935 (Reihe Literatur und Leben 5).

Rühle, Günther (Hrsg.): *Theater für die Republik im Spiegel der Kritik. 2. Band: 1926–1933*. Berlin. Henschelverlag, 1988.

Safranski, Rüdiger: *Goethe. Kunstwerk des Lebens*. Biographie. München: Carl Hanser Verlag, 2013.

5) Verfilmungen

Götz von Berlichingen. Österreich 1955.
Regie: Alfred Stöger.

Götz von Berlichingen mit der eisernen Hand. BRD (Verfilmung für das Fernsehen) 1979.
Regie: Wolfgang Liebeneiner.

STICHWORTVERZEICHNIS